아이를
지혜롭게 꾸짖는
비결 99

아이를 지혜롭게 꾸짖는 비결 99

다고 아키라 지음
안수경 옮김

사과나무

옮긴이 **안수경**
서울에서 태어나 중앙대학교 일어일문학과를 졸업했다.
출판기획자로 일했고 현재는 전문번역가로 활동중이다.
옮긴 책으로 〈미야모토 무사시의 전략경영〉
〈소크라테스처럼 말하라〉 〈우아하고 잔혹한 악녀들〉
〈나는 명품이 좋다〉 〈너희가 명품을 아느냐〉 등이 있다.

아이를 지혜롭게 꾸짖는 비결 99

1판 1쇄 펴냄 2002년 7월 25일
1판 6쇄 펴냄 2003년 8월 25일

지은이 다고 아키라
옮긴이 안수경
펴낸곳 도서출판 사과나무
펴낸이 권정자
본문·표지 디자인 프리즘
등록 1996년 9월 30일(제11-123)
경기도 고양시 행신동 샘터마을 301-1208
전화 (031) 978-3436
팩스 (031) 978-2835
e-메일 saganamu@chollian.net
값 8,500원
ISBN 89-87162-48-6 03370

*잘못 만들어진 책은 바꾸어 드립니다.

| 차례 |

제1장
참을성을 길러주도록 꾸짖는 비결

제2장

생각하는 힘을 길러주도록 꾸짖는 비결

제3장

아이의 의욕을 길러주도록 꾸짖는 비결

제4장

실행력을 길러주도록 꾸짖는 비결

제5장

노력을 격려하도록 꾸짖는 비결

제1장

참을성을 길러주도록 꾸짖는 비결

1 약속에 예외를 인정하면, 아이의 '작심 3일' 습관은 고쳐지지 않는다

어느 가정에서 아이가 몹시 개를 갖고 싶어해, '매일 반드시 네가 산책시킬 것'이라는 조건을 붙여 개를 키우도록 허락했다. 며칠 후, 그 아이가 약속을 잘 지키고 있는지 묻자, 어머니는 웃으면서 "작심 3일이에요" 하는 것이었다.

아이의 작심 3일을 염려하는 어머니가 많은데, 아이든 어른이든 작심 3일 습관은 잘 고쳐지지 않는다. '말은 쉽고, 행동은 어렵다'는 말처럼 매일 어김없이 같은 일을 실행하기란 어려운 일이다.

처음 얼마동안은 즐겁게 개를 산책시키던 아이도, 매일 반복하다 보니 싫증이 났을 테고, 최근에는 이런저런 이유를 대며 어머니에게 개 산책을 부탁한다는 것이다.

어머니는 처음에 "개 산책은 네 일이잖니" 하고 아이의 약속 위반을 지적하며, 매일 산책을 시키러 내보냈다. 하지만 갈수록 산책 시간을 지키지 않는 아이 때문에 풀이 죽어 있는 개가 안쓰러워, 결국 어머니가 그 역할을 대신하게 되었다.

아이의 '작심 3일'의 원인은 어머니 탓도 있다. 아이가 어떤 핑계를 대더라도 어머니가 그것을 인정하지 않으면, 아이는 어쩔 수 없이 스스로 그 과제를 해결하게 된다. 앞의 예에서도 "오늘 한 번만이야"라고 예외를 인정하면, 한 번이 두 번 되고 세 번 되어 아이의 약속은 물거품이 되고 만다. 약속에 예외를 인정하지 않는 것이 아이의 작심 3일 습관을 고치는 비결이다.

요즘 아이들은 인내심이나 지구력이 부족하다는 말을 자주 한다. 아무리 사소한 일이라도 약속한 것은 매일 지키게 할 것, 이러한 어머니의 지혜로 '작심 3일 하지 않도록 유도'하는 것이 아이에게 인내심과 지구력을 심어주는 지름길이다.

꾸짖는 지혜

아이의 '작심 3일'의 원인은 어머니 탓도 있다. 아이가 어떤 핑계를 대더라도 어머니가 그것을 인정하지 않으면, 아이는 어쩔 수 없이 스스로 그 과제를 해결하게 된다.

2 계획은 자유롭게, 실행은 엄격하게

"우리 애는 방학 때마다 학습계획표는 멋지게 만드는데, 아무리 혼을 내도 제대로 실행하지를 않아요" 하며 걱정하는 어머니가 있었다. 아이는 '○월○일 국어, ○월○일 수학' 하는 식으로, 매일 학습계획표를 그럴듯하게 만들어 어머니에게 보여준다. 또한 그것을 본 어머니는 계획표대로 공부하려니 생각했던 것이다.

의아하게 생각할지 모르겠지만, 누가 보더라도 훌륭한 계획표는 가장 실행하기 어려운 계획표이다.

또한, 훌륭한 계획표는 이미 만들어진 견본을 모방한 경우가 많아, 아이 자신의 의지나 목표를 반영하지 않은 것이다. 아이는 스스로 학습하기 위해 계획표를 만든 것이 아니라, '계획표를 위한 계획표'를 만든 것이나 다름없다.

심리학 용어에 '목표행동(goal directed behavior)'이라는 말이 있다. 인간이 행동을 할 때, 그 목표가 구체적이고 명확하면 적극적인 행동을 취하고, 목표가 추상적이거나 애매하면 소극적인 행동을 하게 되는 심리 경향을 말하는 것이다.

이 이론을 들먹일 것도 없이, 계획표는 아이 스스로의 말과 형식으로 만든 것이 아니면 아무 의미가 없다.

이를테면, 계획의 내용도 '○월○일 국어'라고만 쓸 것이 아니라, '○월○일~○월○일 국어' 하는 식으로, 어느 일정 기간에 이만큼 소화한다는 구체적인 목표를 써넣게 해야 한다.

계획을 얼마만큼 자신의 문제로 여기고 있느냐 하는 점이 중요하다. 계획을 자기 스스로 세우고, 그 계획을 자각하여 책임감 있게 실행하려고 노력하는 것이다.

계획을 철저하게 지키게 하려면, 아이가 스스로 세운 계획을 가족들 앞에서 발표하게 하는 것도 한 방법이다. 이것을 심리학에서는 '선언효과'라고 한다. 모두의 앞에서 선언했기 때문에, 아이는 꼼짝 없이 계획을 실행할 수밖에 없는 상황에 처하게 되는 것이다. 일단 선언해버린 약속을 지키지 않는다면, 모두에게 거짓말쟁이 취급을 받을 것이다. 그러므로 아이는 기를 쓰고 끈기 있게 약속을 지키려고 노력할 것이다.

스스로 세운 계획을 지키지 않았을 때는 엄하게 꾸짖어 실행하게 해야 한다. 아이는 자신의 계획을 다시 한번 검토하고, 자신의 행동을 반성하며, 계획을 지키겠다는 결의를 굳히게 될 것이다.

3 좌절을 막으려면, 가까운 목표를 통해 '달성의 기쁨'을 가르친다

한 남자아이가 성적이 오르지 않아 의욕이 상실되어 있었다. 그래서 어머니가 "홈런은 어려워도, 매번 안타를 치면 수위 타자가 될 수 있으니까, 너도 한번 시험 볼 때마다 1점씩 점수를 올려 연속해서 아홉 번 안타를 치면, 기록 달성 기념으로 게임 CD를 사줄게" 하고 제안했다.

아이는 어리둥절한 상태에서 처음에는 여섯 번째 시험에서 실패했는데, 그때도 어머니가 "아깝다. 좀더 힘내자" 하고 격려하자, 그 다음 도전에서 멋진 기록을 달성하여 게임 CD를 차지했다고 한다.

첫 번째 시험은 지난번보다 1점이라도 오르면 되기 때문에 충분히 달성 가능하다. 그러나, 아홉 번이나 그런 식으로 계속했을 때 결과적으로는 10점 가까운 점수를 올려야 하는 셈이다. 그후에도 그 아이는 시험 때마다 차근차근 성적을 올려, 결국 학년 1등의 성적을 달성했다고 한다.

어머니가 시험 때마다 아이에게 '상'을 준 것은 아니다. 한번 시험 볼 때마다 작게나마 목표를 이루고, 그 작은 '목표 달성의 기쁨'이 쌓여 더욱 큰 목표 달성으로 이어진 것이다.

이처럼 성적이 오르지 않는 등 계획을 실행하는 데 차질이 빚어지는 경우, 그 계획의 목표 자체가 현실적으로 실현 불가능한 것일 수도 있다. 아이들은 계획 세우는 것을 좋아하기 때문에, 가능 · 불가능에 대한 판단을 제대로 하지 못한 채, 목표를 높이 두고 자신의 능력 이상의 계획을 이것저것 세우는 경우가 많다.

따라서 아이가 계획을 중도에 포기하려 할 때, 어머니가 "도중에 포기하는 것은 좋지 않아" 또는 "끝까지 하거라" 하고 아이를 꾸짖게 되는데, 이런 때는 꾸짖어 봤자 아이의 의욕을 되살리기 어렵다.

만일 무리한 목표로 여겨진다면, 이 어머니처럼 아이의 자존심이 다치지 않게 목표를 낮춰주는 것이 현명하다. 조금 노력하면 달성할 수 있을 정도의 목표로 수정하여, 먼저 아이에게 '목표 달성의 기쁨'을 맛보게 하고, 계획의 실행에 대한 의욕을 촉진시키는 것이 중요하다.

아이가 계획을 포기하려는 기미가 보일 때도 꾸짖지 말고, 이 '목표 달성의 기쁨'을 경험하도록 배려해준다. 그 시기는 빠르면 빠를수록 좋다. '목표 달성의 기쁨'을 맛본 아이와 그렇지 않은 아이는, 계획을 실행하려는 의욕에 큰 차이를 보일 수 있기 때문이다.

4 용돈을 지나치게 낭비하면, 꾸짖지 말고 다음달까지 참게 한다

한 남자아이가 백화점 완구매장에서 새로 나온 게임 CD를 발견하고 그 자리에 굳어버렸다. 그 아이는 그것을 갖고 싶었지만, 지갑 속에는 그것을 살 만한 돈이 없었다. "이럴 줄 알았으면, 지난주 조립 로봇을 사지 말걸……" 하며 후회했다.

용돈으로는 살 수 없는 비싼 제품 앞에서 한숨을 쉬고 있는 아이를 보고, 옆에 있던 어머니가 하는 수 없이 그것을 사주는 광경을 자주 볼 수 있다. 하지만 '사랑스러운 내 아이'라는 이유만으로 쉽게 아이가 원하는 것을 사준다면, 아이는 자신의 욕구를 참으려는 노력을 하지 않게 된다. 그리고 원하는 것을 손에 넣지 못할 때는 불만을 품고 부모에게 반항하기까지 한다.

만일, 아이가 용돈으로는 살 수 없는 것을 원할 때는, "다음달 용돈 받는 날까지 참아야 한다"라고 말한다. 왜냐하면 참는 훈련을 하는 것은 아이의 인내심을 길러주는 지름길이기 때문이다.

그러나 어머니 판단으로 참으라고만 하기에는 너무 가혹하다고 생각되는 경우에는, "다음달 용돈에서 뺄 거야" 하고 '가불'임을 분명히 말해주어야 한다. 혹은 집안 일을 시키면서 아이에게 적당한 보수를 지불하는 것도 한 방법이다. 아이는 용돈이 필요할 때면 열심히 집안 일을 거들게 되고, 돈의 중요함과 노동의 어려움을 이해할 수 있는 좋은 기회가 될 것이다.

그러므로 아이가 사랑스럽다는 이유로 아이가 원하는 대로 뭐든 지갑을 털어 해결해주면, 아이에게 인내심을 가르칠 기회를 포기하는 것이다. "아이가 크면서 내 지갑에서 돈을 빼가는 일이 자주 있습니다" 하며 고민하는 어머니가 있는데, 이것은 어려서부터 아이에게 욕구를 조절하는 방법을 가르치지 않은 부모에게도 책임이 있다고 할 수 있다.

꾸짖는 지혜

만일, 아이가 용돈으로는 살 수 없는 것을 원할 때는, "다음달 용돈 받는 날까지 참아야 한다"라고 말한다. 왜냐하면 참는 훈련을 하는 것은 아이의 인내심을 길러주는 지름길이기 때문이다.

5 약속을 '어긴' 것과 '지킬 수 없었던' 것은 구분해서 꾸짖는다

전부터 약속한 영화를 보기 위해, 어머니는 극장 앞에서 아이를 기다리고 있었는데, 약속한 4시가 지나도 아이가 나타나지 않았다. 어머니는 '사고라도 난 걸까' 걱정스럽기도 하고, 혹시 집에 있는 건 아닐까 해서 집으로 전화를 걸었다.

그러자 아이가 전화를 받더니 "텔레비전 보느라고 깜빡했어요"라고 변명하는 것이었다. 어머니는 기가 막혀 말도 제대로 나오지 않고, 울면서 사죄하는 아이의 말도 귀담아 듣지 않은 채, 영화를 포기하고 집으로 돌아와서는 아이가 약속을 어긴 것을 엄하게 꾸짖었다.

분명 이 아이는 텔레비전에 몰두한 나머지 시간 가는 줄 모르고 있다가 어머니와의 약속을 어긴 것이다. 이런 때는 이 어머니처럼 다소 심하다고 여겨지더라도, 절제력 없이 텔레비전에 빠진 것을 꾸짖고, 시간을 지키는 일이 얼마나 소중하며, 그것은 자신을 위한 일이라고 어려서부터 가르칠 필요가 있다.

흔히들 '시간을 지키지 않으면 상대에게 실례가 된다'라며, 약속을 지키는 일이 상대를 위한 것이라는 사고 방식이 강하다. 시간을 지키는 것이 자신을 위해서라고 가르치지 않는 것이, 아이에게 시간을 지키는 일의 소중함을 깨우쳐주지 못하는 원인이라고 생각한다.

친구가 다니는 회사의 직원에게서 들은 이야기다. 그가 런던 지사에서 근무하고 있을 때, 일본 본사 직원이 영국에 온 적이 있었다. 오랜 시간의 여행으로 지쳐 잠이라도 들었는지, 영국인 바이어와 만나기로 약속한 시간이 지나도 나타나지 않는 것이었다. 15분쯤 지나자 땀을 비오듯 흘리며 도착한 본사 직원이 변명하려고 하자, 상대 영국인은 시계를 힐끗 보더니 "약속을 어겼습니다" 하며 말을 들으려고 하지도 않았다.

그 영국인은 "자신의 행동을 지키지 못하는 사람과는 거래할 수 없습니다"라는 말을 남기며 돌아갔고, 결국 본사 직원은 15분 지각했다는 이유로 중요한 거래를 놓치고 말았다.

영국인이 말했듯이 '시간을 지키는 것은 자신을 지키는 일'이다. 약속은 자신을 위한 것이며, 그 약속을 지키기 위해서는 보고 싶다거나 혹은 자고 싶다거나 하는 유혹을 참아내야 한다. 이처럼 시간에 대한 엄격한 태도는 어느날 갑자기 생기는 것이 아니라, 어릴 때부터의 가정교육에서 비롯되는 것이다. 시간뿐만 아니라, 아이가 약속을 어겼을 때 엄하게 꾸짖지 않으면 점점 응석받이가 되고 말 것이다.

그렇지만 상대는 아이이기 때문에 어른보다 시간에 대한 개념이 부족할 것이고, 애써 시간을 지키려고 했는데 결과적으로 '지킬 수 없었던' 경우도 있다. 예를 들면, 폭우가 쏟아져 교통이 마비되어 약속 시간에 늦는 경우도 있을 것이다. 어쩔 수 없이 약속을 지키지 못한 경우, 너무 엄하게 꾸짖으면 아이는 반항심을 갖게 될 뿐이다. 아이는 길이 막히리라는 예상을 하지 못했던 것이다. 이런 때는 "비가 내리면 길이 막히는 일도 있으니까, 집에서 조금 일찍 나와야 한다" 하고 부드럽게 주의를 주는 지혜가 필요하다.

꾸짖는 지혜

흔히들 약속을 지키는 일이 상대를 위한 것이라는 사고 방식이 강하다. 시간을 지키는 것이 자신을 위해서라고 가르치는 것이, 아이에게 시간을 지키는 일의 소중함을 깨우쳐주는 방법이다.

6 의기소침해진 아이에게는 유명인의 성공담이 효과적

소년 야구단에서 투수로 활동하던 한 소년이 중학교에 진학하여 야구부에 입단했다. 그 학교 야구부는 그 지역에서 매우 유명한 팀이고, 선수만 50명이 넘어, 그 안에서 중요한 포지션을 차지하기 위한 경쟁이 치열했다. 그는 힘든 훈련도 참으며 버티고 있었는데, 3학년이 되어도 1군에 들지 못하고 벤치에서 다른 선수를 응원하는 날이 계속되고 있었다. 겉으로는 아무렇지 않은 듯 생활했지만, 시합에 나가는 친구들에 대한 부러움, 후배에게 추월당한 수치심, 실력 없는 자신에 대한 열등감으로 매일 괴로워했다.

어느 날, 그는 아버지에게 "야구부를 그만두겠습니다" 하고 말했다. 그때 아버지는 미국 프로 야구팀 선수인 이치로에 대한 이야기를 들려주었다. 아버지는 아들의 말에 별로 놀라는 기색도 보이지 않고, 그저 담담하게 이치로 선수 이야기를 했다고 한다.

"미국의 강팀 시애틀 마리너즈에서 활약하는 이치로 선수라고 하면, 이제는 일본 미국 할 것 없이 전세계적으로 모르는 사람이 없을 거야. 이제야 그 실력을 발휘하고 있지만, 일본 프로 야구계에 데뷔했을 당시는 그다지 눈에 띄는 선수가 아니었지. 하지만 그는 자신이 주목받지 못할 때도 열심히 트레이닝을 했고, 그 노력이 지금의 그가 성공하게 된 밑거름이라고 할 수 있을 게다."

아버지의 말을 묵묵히 듣고 있던 그는, 지금은 힘들어도 그 고통을 참아내자는 각오를 했다고 한다.

아이가 의기소침해져 있을 때, "그런 나약한 소리 하지 마라" 하고 꾸짖는 것은 그다지 현명한 방법이 아니다. 그보다 아이가 공감할 수 있는 유명인의 성공담을 들려주는 것이 아이에게 용기를 심어주게 되고, 나아가서 아이에게 재도전할 수 있는 힘을 불어넣어 주는 것이다.

아이가 무엇 때문에 괴로워하는지, 그것을 해소하려면 어떻게 해야 하는지를 부모가 지적해줄 것이 아니라, 아이 스스로 생각하게 함으로써 재기를 향한 강한 동기를 부여해주는 것이 중요하다.

7 막무가내로 떼쓰는 아이에게 체벌은 가장 나쁜 방법

아이를 꾸짖는 목적 중 하나는 아이에게 '참는 법을 가르친다'는 것인데, 그렇다면 그 방법에는 무엇이 있는지 생각해보자.

백화점 완구매장에서 장난감을 사달라고 울며 보채는 아이를 자주 볼 수 있다. 당신이라면 어떻게 하겠는가.

어떤 어머니는, 처음에는 참을성 있게 "오늘은 안 돼. 다음에" 하고 말로 타일렀는데, 막무가내로 떼를 쓰는 아이에게 화가 나서 "왜 말을 안 듣니?" 하며 한 대 때린 후, 아이를 데리고 그 자리를 떠났다고 한다.

그 어머니는 아이의 '울음'에 굴복하지 않고, 요구를 물리친 것을 가정교육이라고 생각하면서, 자신이 아이를 때린 사실을 정당화할지도 모른다. 하지만 그것은 잘못된 방법이다. 아이는 참은 것이 아니라, 참기를 강요당한 것이다. 바꿔 말하면, 어머니 쪽이 참을성이 부족했다고 볼 수 있다.

아이를 꾸짖을 때, 아이가 아무리 울며 보채도 부모는 냉정함을 잃지 말아야 한다. 그리고 아이의 기분을 살펴 '살 수 없는' 이유를 설명하고 '참는 법'을 가르치는 것이 중요하다.

'참는다'는 것과 '참기를 강요당한다'는 것은 다르다. 원하는 것이 있을 때 스스로 이해하고 포기하는 것이 '참는' 것이고, 납득하지 못한 채 힘에 눌려 할 수 없이 포기하는 것이 '참기를 강요당하는' 것이다. 아이의 가정교육에서 반드시 가르쳐야 하는 것이 '참는' 것인데, 이때 억지로 참기를 강요해서는 안 된다. 더구나 폭력을 이용하여 아이가 반박하지 못하도록 힘으로 위압하는 것은 아이에게 악영향을 줄 뿐이다.

'체벌은 안 된다'는 사고방식으로 아이에게 인내심의 중요함을 가르치는 가정이 많은 반면, 스파르타식 교육 또는 강한 교육이라는 명목으로 '체벌도 옳다'면서, 인내심을 강요하는 가정교육을 행하는 가정도 적지 않다. 중 · 고등학생이 된 아이가 돈을 내놓으라며 어머니를 구타한 이야기가 종종 귀에 들려온다. 분명, 그 아이는 어려서부터 부모가 체벌을 가해, 힘없이 억눌리며 자라온 것이 마음의 상처로 남아 있었음에 틀림없다.

부모가 아이의 가정교육에 의연한 태도로 임하는 것은 매우 중요하다. 하지만 그것을 오해해서 힘으로 제압하기만 한다면, 아이는 자신의 경험을 통해 '폭력을 휘두르면, 상대는 굴복한다'고 배우게 되는 것이다.

8 때로는 꾸짖는 역할을 아버지에게 넘긴다

얼마 전 자녀 교육에 관한 토론장에 나온 한 남자 배우가, 아버지와 어머니의 역할 분담에 대해 다음과 같은 말을 했다.

"자녀 교육이라는 배의 방향타를 잡고 있는 것은 나지만, 엔진을 움직이고 있는 것은 아내입니다. 사실, 방향타보다는 엔진이 더 소중하지요. 하지만 어느 쪽이든 결함이 생기면 배는 나아가지 않습니다."

요즘 일 때문에 가족과 함께 보내는 시간이 적은 아버지의 '존재가치'가 사회적으로 문제시되고 있다. 하지만 아버지의 부재가 여러 가지 폐해를 낳고 있다는 사실에서도 알 수 있듯이, 아버지는 가정 내에서 없어서는 안 되는 존재이다. 그렇다고 하루 종일 같이 있을 필요는 없다. 남자 배우가 말한 것처럼 자녀 교육이라는 배의 방향타를 잡고, 필요에 따라 그 역할을 완수하도록 하는 것이다.

자칫 '아버지 부재'의 부정적인 면만 강조할 우려가 있는데, 조금 생각을 바꿔보면 가정에 있는 시간이 적다는 사실도 좋은 의미로 받아들일 수 있다. 가정에 얽매여 세상 보는 시야가 좁아진 어머니와는 달리, 아버지는 넓은 시야로 가정 내의 일들을 바라볼 수 있는 것이다.

가정과 떨어진 곳에서 사회 경험을 쌓은 아버지는 관찰자의 입장에서 아내와 아이를 객관적으로 평가할 수 있다. 즉, 중립의 입장에 서 있는 아버지는 '판사' 같은 특별한 존재로 여겨질 수 있지 않을까.

때로는 아버지에게 꾸짖는 역할을 맡기는 것도 좋다고 생각한다. 아이의 잘못된 행위는 그 자리에서 꾸짖는 것이 정석이기 때문에, 평소 항상 아이와 함께 있는 어머니가 '꾸짖는 역할'을 맡을 수밖에 없다. 하지만 늘 어머니에게 꾸지람을 듣는 아이는, 혼나는 데 익숙해지는 '심리적 만성화' 상태에 놓여 있다.

실제로, 평소에 늘 어머니에게 '공부해라'는 잔소리를 듣던 아이가, 어느날 아버지와 진지하게 대화를 나눈 뒤로 자발적으로 책상에 앉게 되었다는 이야기도 있다.

최근 들어, 어머니와 별다르지 않게 잔소리를 늘어놓는 아버지가 늘고 있다고 하는데, 나는 개인적으로 이것은 그다지 좋은 방법이 아니라고 생각한다. 아버지는 과묵하게 있다가 결정적인 순간에 나서야만 그 역할을 다할 수 있다고 생각하기 때문이다.

어떤 남성은 "아버지는 말수가 적고 별로 화내는 일이 없다. 무섭지만 확고해서 존경한다. 남자로서 아버지에게 한 수 배우고 싶다. 그래서 나도 아버지 같은 부모가 되고 싶다"고, 자신과 아버지의 관계를 이야기했다. 이런 관계가 가능해야만, 아이는 고분고분 아버지의 말에 귀를 기울일 것이다. 따라서, 결과적으로 철저한 가정교육이 이루어진다는 것은 두말할 것도 없다.

꾸짖는 지혜

가정과 떨어진 곳에서 사회 경험을 쌓은 아버지는 관찰자의 입장에서 아내와 아이를 객관적으로 평가할 수 있다. 즉, 중립의 입장에서 있는 아버지는 '판사' 같은 특별한 존재로 여겨질 수 있다.

9 꾸짖는 내용과 방법에서, 부모의 생각이 일치하지 않아도 된다

어떤 아이가 학교에서 왕따를 당해 반 친구에게 맞은 사실을 부모에게 털어놓았다. 어머니는 "그래도 너는 친구를 때려서는 안 된다"라고 말했고, 아버지는 "네가 맞았다면 반격하는 것이 다시 왕따를 당하지 않는 방법이다"라고 말했다.

어머니의 말은 인간으로서 행동의 선악을 생각했을 때 옳은 말이고, 아버지의 말 또한 왕따 당하지 않기 위한 대책이라는 의미에서 옳다. 아이는 상반된 두 가지 시점을 통해, '사람을 때려서는 안 되지만, 가만히 참고만 있으면 또 왕따를 당하게 될 것이다'라고 자기 스스로 이해했다.

아이를 꾸짖는 효과에 대해 논할 때, 아버지와 어머니의 사고방식이나 태도가 일치하지 않으면 그 효과가 반으로 줄어든다고 주장하는 사람도 있다. 하지만, 반드시 그렇다고 볼 수는 없다. 아이의 성장에 맞는 부모의 대응이 요구되기 때문이다.

아이가 어려서 스스로 옳고 그름을 판단할 수 없을 때는 부모의 교육이 일치하지 않으면, 아이를 혼란에 빠뜨려 꾸짖는 효과를 기대할 수 없다. 이를테면, 사람을 때려서는 안 된다고 가르칠 때, 어머니는 그것에 대해 분명하게 말해도 아버지가 애매한 태도를 보이면, 사람을 때리는 일이 좋은 것인지 나쁜 것인지 아이는 혼동하게 될 것이다.

하지만 아이가 성장하여 옳고 그름의 판단이 가능한 나이가 되면, 부모의 의견이 반드시 일치할 필요는 없다. 오히려 부모의 시점이 다르다면, 아이는 사물에 대한 다양한 견해를 갖게 되고, 이 상황에서는 어떤 판단이 적절한지 스스로 생각할 수 있는 좋은 기회를 얻게 될 것이다.

그러므로 아이가 어떤 나이에 이르면, 부모의 사고가 일치하지 않음을 보여주는 것도 좋은 방법이라고 할 수 있겠다. 아이는 부모의 다른 견해를 접함으로써, 상황에 따라 임기응변으로 대응할 수 있고, 그런 가운데 자연스럽게 사물을 극복하기 위한 판단력과 인내력을 배우는 것이다.

10 '설득'보다 '격노'가 오히려 설득력을 가질 때가 있다

작가이자 평론가인 시오다 씨 가정의 이야기다. 시오다 씨는 외동딸에게 딱 한번 화를 낸 적이 있다고 한다.

딸이 고등학생 때의 일이다. 대학 부설 고등학교에 다니고 있던 그녀는 전혀 공부에 흥미가 없었다. 어느날 공부하라고 말했더니, "나는 부모 때문에 억지로 공부하는 게 싫어요" 하며 반발하는 것이었다.

그 말을 들은 시오다 씨는 "학교에 가기 싫으면 당장 그만둬라! 나는 네가 고등학교 중퇴자라도 전혀 부끄럽게 생각하지 않으니까, 지금 당장 이 자리에서 자퇴서를 써라! 그리고 내일 그것을 학교에 제출해!" 하고 크게 화를 냈다고 한다. 그리고 놀란 딸에게 더욱 치명타를 던지며 "네가 학교에 보내 달라고 나한테 싹싹 빌면 그때 보내주마" 하고 단호하게 말했다. 그후, 딸은 아무 불만 없이 학교에 다녔다고 한다.

아이를 꾸짖을 때, 선악의 기준을 가르치는 것은 매우 중요한 일이다. 하지만 그것에 너무 연연해서 이러쿵저러쿵 잔소리만 늘어놓는다면, 오히려 아이에게 부모의 본뜻을 전달하기 어려워질 뿐이다.

아이의 나이를 생각해보자. 부모가 '모두가 알고 있는 사실'인 것처럼 하나하나 주의를 줄 때보다, 언뜻 보아 상스럽다고 생각될지 몰라도 차리리 큰소리로 욕을 내뱉는 것이, 자신의 잘못을 뉘우치는 데 더 효과적이지 않을까.

우선, 아이에게 깨닫게 할 것은, 왜 이 상황에서는 이래서는 안 되는가 하는 '문제의 소재'이다. 감정적인 '격노'는 말로 설득하려는 것이 아니기 때문에, 아이 자신도 그것에 대해 깊이 생각할 수밖에 없다. 결국, 그것이 자신의 잘못임을 깨닫고, 같은 잘못을 반복하지 않겠다고 깊이 반성하게 되는 것이다.

그래서, 다시 한번 같은 상황을 만나게 되더라도 '이것은 해서는 안 되는 일이야' 하고, 자신의 행동을 자제할 수 있을 것이다.

반대로, 부모의 지나치게 정중한 '설득'은 아이에게 생각할 수 있는 기회를 빼앗게 될지도 모른다. 아이는 꾸지람을 듣는다는 사실은 인지하면서도, 왜 혼나는지 제대로 이해하지 못하는 경우가 많아, 몇 번이고 같은 잘못을 되풀이하고 만다.

요즘 아이들은 '꾸지람에 약하다'고 말한다. 이는 꾸짖으면 곧바로 풀이 죽어, 끈질기게 일에 맞서지 못하는 것을 지적한 말이다. 아이에게 인내력을 심어주기 위해서는, 때로는 감정적인 '격노'도 필요하지 않을까.

꾸짖는 지혜

아이를 꾸짖을 때, 선악의 기준을 가르치는 것은 매우 중요한 일이다. 하지만 그것에 너무 연연해서 이러쿵저러쿵 잔소리만 늘어놓는다면, 오히려 아이에게 부모의 본뜻을 전달하기 어려워질 뿐이다.

11 마음껏 '분노'를 터뜨리는 것도 좋은 방법

'꾸짖는 것'과 '화내는 것'은 다르다.

이성적으로 아이를 나무라는 것이 '꾸짖는 것'이고, 감정적으로 분노를 표현하는 것이 '화내는 것'이다.

가정교육은 '화내는 것이 아니라, 꾸짖는 것이다'라고들 말하는데, 이것은 어디까지나 이상론이고, 화를 내서는 안 된다는 의미가 아니다.

이 이상론에 얽매여 '아이에게는 감정의 표출을 삼가고, 분노와 증오의 감정을 보이지 않도록 해야 한다'고 주장하는 부모가 많은데, 그 중에는 이런 이유로 자녀 교육에 어려움을 겪는 사람도 적지 않다.

예부터 감정을 드러내는 것은 부끄러운 일이며, 특히 분노와 증오의 감정은 추한 것이기 때문에, 그것을 겉으로 드러내지 않는 것이 미덕이라고 가르쳐왔다.

그 때문일까, 일본인 가운데는 서양인처럼 감정 표현을 훌륭하게 하는 사람이 거의 없다. 감정을 뿜어내지 않는 대신 속으로 분노를 쌓아 두고서, 언제까지고 상대를 원망하며 응어리를 남기는 사람이 많은 것 같다.

인간인 이상 누구나 '분노'의 감정을 가지고 있다. 그것은 자연스러운 감정이기 때문에, 그것을 무리하게 억제할 필요는 없다.

아이를 꾸짖을 때 '화내지 말고 냉정하게' 하라는 말에 지나치게 얽매인 나머지, 분노를 참기만 해서 오히려 마음속에 응어리를 남기는 경우가 많다. 하지만 이것은 분노의 감정을 터뜨리는 것보다 더 심각한 결과를 낳게 될지도 모른다. 이것은 결코 바람직한 방법이 아니다.

그러므로, 때로는 마음껏 '분노'를 터뜨리는 것도 괜찮을 것이다. 그리고 아무일도 없었던 듯 훌훌 털어버리면 그만이다. 이때, 자기 혐오에 빠지는 사람도 있는데, 그 또한 잘못이다.

오히려 부모가 화내는 것을 경험하게 하는 것이 꾸지람에 나약해지는 아이를 인내심 있게 키우는 방법이다.

꾸짖는 지혜

'꾸짖는 것'과 '화내는 것'은 다르다.
이성적으로 아이를 나무라는 것이 '꾸짖는 것'이고, 감정적으로 분노를 표현하는 것이 '화내는 것'이다.

12 곤란한 요구를 들어줄 때는 조건을 붙인다

백화점 식품 매장에서 아이가 어머니에게 초콜릿을 사달라고 조를 때의 대화이다.

"엄마, 초콜릿 먹고 싶어."

"충치가 생길지 모르니까 안 돼."

"먹고 곧바로 이 닦을게."

"한꺼번에 많이 먹으면 뚱뚱해져."

"그럼, 오늘은 반만 먹고, 나머지 반은 내일 먹기로 할게."

"정말? 약속 꼭 지키면 사주지."

아이는 초콜릿을 손에 들고 얼굴 가득 미소를 지으며 돌아갔다.

예정에 없던 물건을 사달라고 해서, 아이와 함께 쇼핑하는 것을 꺼리는 어머니도 있다. 아이의 요구에 대해 사라, 마라 옥신각신하다가 아이가 울음을 터뜨려 난처했던 경험은 누구나 있을 것이다. 그렇다면,

아이가 예정에도 없는 물건을 요구한 경우, 어머니로서 어떠한 대응이 가장 바람직할까.

대부분의 경우, 처음에는 난색을 표하다가 아이가 울음을 터뜨리면 '어쩔 수 없지' 하며, 결국 아이가 원하는 물건을 사주게 된다. 이것은 가장 지혜롭지 못한 대응법이다. 아이는 그후에도 '울음전술'로 자신의 요구를 밀어붙일 것이다.

아이의 요구를 안이하게 받아들여, 아이가 원하는 대로 해주는 것은 논할 가치도 없다. 아이는 참을 생각은 아예 하지 않은 채, 줄기차게 요구만 해댈 것이다. 반면, 아이에게는 '인내가 필요'하다는 이유로, 아이가 소리지르며 울거나 말거나 "안 돼" 하며 거절하는 어머니도 있는데, 이 또한 그다지 현명하다고 할 수는 없다. 그런 일이 거듭되면, 아이는 자신의 요구를 언제나 들어주지 않는 어머니에게 불만을 갖게 되어, 결국 어머니에게 자신의 생각을 전하려고 하지 않을 것이다.

가장 바람직한 방법은, 어머니가 "이것만은 지키자" 하는 조건을 붙여, 아이가 그것을 납득하면 요구를 들어주는 것이다. 요구가 받아들여졌기 때문에, 아이는 어머니와 약속한 조건을 반드시 지키려고 노력할 것이다. 그런 의미에서 앞에 예를 든 어머니는 매우 지혜로운 대응이었다고 할 수 있다.

가정교육의 목적 가운데 하나가 인내를 가르치는 것이라면, 예를 들어 물건을 사고 싶은 것을 참지 못할 때, 그것을 사기 위한 조건을 지키게 하는 것으로 그 목적은 달성되었다고 할 수 있다. 사주지 않으려고만 하면 오히려 교육의 본질에서 벗어나게 될지도 모른다.

아이의 요구는 '물건'만이 아니다. 이를테면, 저녁식사를 준비하는 바쁜 시간에 놀자고 떼를 쓰기도 하고, 같이 공부하자고 조르기도 한다. 그런 때에도 "바쁘니까 안 돼"라고 말하는 것은 현명하지 않다. "지금 바쁘니까, 10분만 기다려" 하는 조건을 내세우면, 아이는 불평 없이 어머니를 기다려줄 것이다.

꾸짖는 지혜

처음에는 난색을 표하다가 아이가 울음을 터뜨리면 '어쩔 수 없지' 하며, 결국 아이가 원하는 물건을 사주게 된다. 이것은 가장 지혜롭지 못한 대응법이다. 아이는 그후에도 '울음전술'로 자신의 요구를 밀어붙일 것이다.

13 '요구' 뒤에 숨은 '욕구'를 만족시키면, 요구는 사라진다

아이는 어른을 흉내내고 싶어한다. 어떤 아이는 휴대전화에 흥미가 있어, 틈만 나면 어머니의 휴대전화를 가지고 만지작거리며 논다. 처음부터 그럴 생각은 아니었지만, 아이는 '장난전화'에 재미를 붙여 어머니를 난처하게 만들곤 했다. 생각다 못한 어머니는 아이의 손이 닿지 않는 곳에 휴대전화를 숨겨두었는데, 이번에는 "전화기 내놔" 하며 울어대는 것이었다. 어머니는 할말을 잃고 말았다.

그래서, 어머니는 아이 전용으로 장난감 휴대전화를 사주었다. 그러자, 아이는 자신의 휴대전화를 가진 것에 크게 만족하여, 다시는 어머니의 휴대전화에 손을 대지 않았다고 한다.

이것은 결코 속임수가 아니라, 아이가 장난전화를 걸게 된 근본 원인이 '전화기를 갖고 싶은' 욕구에 있다는 것을 간파한 어머니의 '지혜'인 것이다.

아이의 요구 중에는 부모로서 도저히 받아들일 수 없는 것도 있다. 부모는 어떻게든 설득해서 그 요구를 물리치려고 하지만, 아이는 좀처럼 말을 듣지 않는다. 결국에는 "왜 이해하지 못하니?" 하며 아이를 야단치고 만다.

아이의 요구를 도저히 받아들일 수 없다면, 아이의 '요구' 뒤에 숨은 '욕구'가 무엇인지 생각하여, 그 '욕구'를 만족시키는 무엇인가를 대신 해주는 것이다. 그렇게 함으로써, 아이는 그때까지의 요구를 참을 수 있게 된다.

아이의 욕구는 '물건'만이 아니다. 어떤 남자아이는 학교에서 난폭한 행동을 일삼아, 어머니가 학교에 불려가는 일이 종종 있었다. 아무리 꾸짖어도 그 행동은 고쳐지지 않았다.

지친 어머니가 친구에게 상의하자, "무슨 운동이라도 시켜봐" 하며 조언해주었다. 어머니는 친구의 말대로 아이를 검도 도장에 다니게 했다. 그러자, 그후 아이의 난폭한 행동이 사라졌다고 한다.

그는 '몸을 움직이고 싶은' 욕구를 '검도'를 통해 충족시켰기 때문에, 학교에서의 난폭한 행동을 자제할 수 있게 된 것이다.

14 '왜 울고 있는가'에 귀기울이는 것이 울음을 그치게 하는 지름길

어떤 가정에서 손님을 초대했는데, 옆방에서 아이들끼리 싸움이 벌어졌다. 형제들끼리의 다툼은 늘 있는 터라, 어머니는 신경 쓰지 않고 그대로 두었다. 그런데 둘째아이가 소리지르며 우는 소리가 들려오자, 어머니는 어쩔 수 없이 일어나 옆방으로 가보았다. 이럴 때 "당장 뚝 그쳐" 하고 울고 있는 아이를 야단치는 어머니가 많은데, 이 어머니는 달랐다.

울고 있는 둘째아이를 자기 옆에 앉히고, "왜 그래? 자 얘기해봐" 하고 말을 유도했다. 둘째는 울면서 형과 싸우게 된 경위를 이야기했고, 말하는 사이 어느새 울음이 멈추고, 잠시 후 형제는 아무 일 없었던 듯 사이좋게 놀기 시작했다고 한다.

어머니는 그저 아이의 이야기를 들어주었을 뿐, 두 사람의 행위를 나무라지 않았다.

형제들끼리 싸울 때뿐만 아니라, 아이들은 자신의 요구가 받아들여지지 않으면 '울음전술'에 호소하는 경우가 많다. 그때 "울지 마라" "마음대로 해라" 하고 말했더니, 아이가 더욱 크게 울어 난감했던 경험을 가진 사람이 많을 것이다.

아이가 우는 것은 어머니에게 응석을 부리는 표시이다. '그대로 두면 울음을 멈춘다'는 사실을 알고 있는 어머니는, 아이가 울어도 상관하지 않고, 울고 싶은 만큼 울게 내버려둔다. 사실, 아이는 상대가 없으면 어느 정도 울다가 멈추고, 그 사이 자신의 기분을 정리하게 된다. 그런 의미에서는 이 방법도 일리가 있지만, 그것도 상황 나름이다. 이를테면, 공공 장소같이 조용히 해야 하는 곳에서 언제까지나 아이를 울릴 수는 없는 일이다.

심리학에 '카타르시스 작용'이라는 것이 있다. 이것은 '요구가 해소되지 않아, 욕구 불만의 에너지가 마음속에 쌓여갈 때, 인간은 그 에너지를 어떠한 형태로 분출함으로써, 억눌려 있던 욕구 자체를 해소할 수 있다'는 사실을 지적한 것이다.

아이가 울음에 호소할 때, 이 '카타르시스 작용'을 잘 이용하는 것이 현명한 방법이다. 울고 있는 아이에게 "당장 울음을 그쳐" 하며 울음을 참도록 강요하기보다, "왜 그래?" 하고 말을 걸어, 그 '울음'의 원인이 되고 있는 욕구 불만의 에너지를 제대로 방출시켜주어야 한다. 그렇게 함으로써, 아이가 자기 자신을 객관적으로 볼 수 있는 계기를 주게 되며, 참는다는 것에 대해 아이 스스로 생각하게 만드는 것이다.

15 TV 시청을 1시간으로 정하는 '대비효과' 작전

아이가 학교 숙제도 마치지 않고 텔레비전만 보고 있을 때, 어머니는 "텔레비전을 끄고, 어서 숙제부터 해라" 하고 나무란다. 공부를 등한시하는 아이에게 사실은 'TV 시청 전면금지' 선언을 하고 싶지만, 아이가 안쓰러운 생각이 들어 어느 정도는 TV 시청을 허용하는 가정이 대부분일 것이다.

그런데, 아이는 자꾸 핑계를 대며 텔레비전을 끄지 않는다. 매일매일 어머니는 아이에게 같은 잔소리를 해댈 수밖에 없다.

아이가 텔레비전만 보고 공부를 하지 않는다면, 우선 아이와 타협해 'TV 보는 시간'을 정한다. 이 TV 시청 시간을 타협하는 가운데, 어머니의 지혜가 발휘된다.

이를테면, 텔레비전 보는 시간을 1시간으로 약속 받고 싶으면, 처음부터 '1시간'을 제시하지 말고, "TV 시청 30분"이라고 말해본다. 아이는 "에이, 겨우 30분?" 하며 조금이라도 그 시간을 늘려달라고 요구할 것이다.

계속해서 아이가 받아들이지 않으면 "그럼, 1시간까지 봐줄게" 하며 조금 양보한다. 그러면 아이는 1시간 반, 2시간 텔레비전을 보고 싶은 생각이 있어도, '30분보다는 낫다'고 판단하여 그 1시간에 타협을 보게 되는 것이다.

사람은 어떤 판단을 내릴 때, 무의식중에 사물을 대비시켜, 자신에게 유리한 선택을 하려는 성질이 있다.

만약, 여러분이 두 가지 조건 중 어느 한 가지를 선택하라고 한다면, 예컨대 양쪽 다 마음에 들지 않더라도 '이쪽이 더 낫지' 하는 식으로 어느 쪽인가를 택할 것이다. 이것을 심리학에서는 '대비효과'라고 한다. 이 '대비효과'를 이용해, 아이의 요구를 무산시킬 수도 있다.

16 '마음대로 할 수 있는 날'을 정해주면, 평소 제멋대로 구는 행동을 줄일 수 있다

밤에 어머니가 "이제 늦었으니까 자거라" 하고 말할 때, "안녕히 주무세요" 하며 순순히 잠자리에 드는 아이는 극히 드물다. 텔레비전을 더 보고 싶은 경우도 있고, 읽고 있던 책을 도중에 중단할 수 없을 때도 있을 것이다. "딱 5분만" "이거 끝나면" 하고 말하며, 도대체 잘 생각을 하지 않는 아이에게 "어서 자!" 하며 어머니와 실랑이가 벌어진다.

어떤 아이는 "엄마는 안 자면서, 왜 나만 자야 돼요?" 하고 반발하기도 한다. 아이에게는 부모와 함께 있고 싶고, 이야기를 더 하고 싶은 욕구도 있다.

늦게까지 자고 싶지 않은 이유는 무시한 채, 어머니는 아이에게 "내일 학교에 가야지" "내일 일어날 때 힘들어" 하며 아이를 설득시키려고 한다. 그리고 아이는 매일 밤 자지 않고 싶은 욕구를 억누를 수밖에 없는데, 언제나 채워지지 않는 욕구는 나중에 커다란 욕구불만의 원인이 될 수도 있다.

어른들은 '참는 것은 몸에 해롭다'는 이유로, 자신의 규제를 풀려고 하는 경향이 있다.

이를테면, 다이어트를 예로 들어보자. 다이어트에 성공한 사람들의 이야기를 들어보면, 먹고 싶은 욕망을 참을 수 있었던 것은 '먹어도 좋은 날'을 정해 나름대로 스트레스를 발산했기 때문이라고 한다.

참는 일이 괴로운 것은 아이도 마찬가지다. 때로는 아이에게 '해금일'을 만들어주자. 이를테면, 일주일에 한 번 휴일 전날 토요일 같은 때, 늦게까지 텔레비전을 보고 일찍 자지 않아도 된다고 허락해주는 것이다. 단 그때, "토요일은 다음날이 휴일이니까 늦게까지 안 자도 상관없지만, 그 대신 다른 날은 일찍 자야 한다"고 약속해두는 것도 잊지 말자.

'해금일'을 정함으로써 아이의 욕구 불만은 해소되고, 토요일 이외의 다른 날에 늦게까지 자고 싶지 않아도 '토요일이 있으니까' 하며 참을 수 있는 것이다.

꾸짖는 지혜

때로는 아이에게 '해금일'을 만들어주자. 이를테면, 일주일에 한 번 휴일 전날 토요일 같은 때, 늦게까지 텔레비전을 보고 일찍 자지 않아도 된다고 허락해주는 것이다.

17 '꾸짖을' 상황에서의 '부드러움'은 꾸짖는 것 이상의 효과

어머니들이 아이 때문에 괴로움을 겪는 것 중 하나는 '시간 관념이 없다는' 것이다. 5시까지 돌아온다고 약속하고 집을 나선 아이가 6시가 되어서야 돌아왔을 때, 어머니는 "왜 약속을 안 지키니?" 또는 "시간 관념이 형편없구나" 하며 야단친다. 어떤 어머니는 아이가 외출할 때 "시간 꼭 지켜라" 하며 다짐을 받고 내보내기도 한다.

귀가 시간이 늦을 때, 아이가 어리다면 꾸짖으면서 10분은 반성하게 할 수 있지만, 초등학교 고학년 정도 되면 야단쳐도 말을 잘 듣지 않는다. 친구와 노는 데 열중한 나머지 야단맞는다는 사실은 까맣게 잊고, 어머니와의 약속보다 친구와 지내는 시간을 우선시하게 되는 것이다.

친구 가운데는 귀가 시간이 6시인 아이도 있을 것이다. 그 아이를 따라 자신의 약속을 깨뜨리는 것은 곤란하다. 친구야 어떻든 가정에서 결정한 시간은 반드시 지키게 해, 친구와 더 놀고 싶은 마음을 참도록 지도할 필요가 있다.

아이가 귀가 시간을 지키지 않는 것을 고민하던 한 어머니는, 어느 때부터 늦게 돌아오는 아이에게 "너무 늦으니까 사고라도 난 줄 알고 걱정했단다" 하며, 야단치지 않고 오히려 부드럽게 말했다. 아이가 나갈 때도 "5시까지는 들어와라, 부탁해" 하는 식으로 말했다. 그러자, 아이는 어머니의 말대로 5시에 들어오기 시작했다고 한다.

항상 "뭐 하느라고 늦었니?" 하며 야단치고, 다음날도 잔소리를 늘어놓으며 빨리 오라고 말하던 어머니가, 갑자기 부드러운 말투로 말함으로써 아이의 마음에 변화를 일으킨 것이다. 어머니의 변화가 아이에게 어머니의 말을 들어야겠다는 생각을 갖게 했고, 결과적으로 태도를 변화시키는 돌파구가 된 것이다.

아이가 말을 잘 듣기를 바라는 것은 변화를 바라는 것과 같다. 상대에게 변화를 기대한다면, 우선 자신부터 변해야 한다. 어머니에게 혼나기만 하는 아이는 혼나는 데 익숙해져 일종의 면역이 되어 있기 때문에, 어머니의 갑작스러운 부드러운 태도에 큰 충격을 받을 것이다. 부드러운 말을 들은 아이는 야단맞을 때보다 더 깊이 반성할 것이다. 그리고, 그 깊은 반성을 통해 아이는 자신의 행동을 스스로 규제할 수 있었던 것이다.

아이를 반성하게 할 때, '꾸짖어야 한다'는 생각이 먼저 떠오르는데, 때와 상황을 고려해 '회초리와 솜사탕'을 구분해야 하는 것이다. 완급을 절충한 공격으로 아이의 마음을 자극하는 것이 바로 효과적으로 꾸짖는 지혜이다.

꾸짖는 지혜

항상 "뭐 하느라고 늦었니?" 하며 야단치고, 다음날도 잔소리를 늘어놓으며 빨리 오라고 말하던 어머니가, 갑자기 부드러운 말투로 말함으로써 아이의 마음에 변화를 일으킨다.

18 '너를 믿는다'라는 말 한 마디가 백 번의 질책보다 무게 있다

어떤 어머니는 근처에 사는 시어머니의 병간호 때문에, 아이에게 집을 지키게 하는 날이 많아졌다. 어느 날 둘째아이에게 "엄마가 없는 동안 뭐 하고 지냈니?" 하고 물어보았다. 아이는 솔직하게 "형은 계속 게임기만 갖고 놀고, 나는 책 읽었어요"라고 대답했다. 이 말을 옆에서 듣고 있던 형은 야단맞을 각오를 했는지 고개를 푹 숙이고 있었다.

그런데 어머니는 형을 불러 "게임은 30분만 하기로 약속했잖아. 이제부터는 시간을 잘 지켜라. 엄마는 널 믿는다"라고 살며시 미소를 지으며 말했다. 이런 말을 들은 아이는 자신을 믿어주는 어머니를 실망시키지 않으려고, 어머니가 집을 비울 때도 게임 시간을 자제하고 30분이라는 시간을 지켰다고 한다.

만약 이때 어머니가 "약속을 지키지 않으면, 게임을 못하게 한다"라고 말했다면 어땠을까. 아이는 입으로는 "알았어요" 하면서도, 어머니가 없으면 '도저히 참을 수 없어서' 게임의 유혹에 빠져들고 말 것이다.

아이가 약속을 어겼을 때, "이제는 나도 모르겠다" 하며 아이를 설득하기를 포기하고 내버려둔다는 식으로 말하는 어머니도 있는데, 이 방법은 절대 금물이다. 이렇게 되면 아이도 자포자기 상태가 되어, 반성하기는커녕 하지 말라는 행위에 더욱 집착할 뿐이다.

아이가 약속을 지키는지 그렇지 않은지, 부모가 옆에서 계속 지켜볼 수는 없는 일이다. 아무도 자기를 보는 사람이 없다는 사실을 알면, 자제심을 잃고 같은 잘못을 되풀이하기 마련이다.

자랑거리는 아니지만, 내가 중학교에 다니던 시절, 학교의 규율에 반발하여 집단으로 학교 건물의 일부를 파손시킨 일이 있었다. 교칙이 엄격한 학교였기 때문에, 나는 물론 퇴학을 각오하고 있었다.

그런데, 막상 교장실에 불려가 보니, 교장 선생님은 우리를 야단치기는커녕 눈물을 흘리면서 이렇게 말하는 것이었다.

"나는 지금도 너희를 믿는다. 매우 안타깝다. 아무 말도 할 수 없구나. 너희는 지금 충분히 반성하고 있을 거야. 스스로 자신이 한 일을 다시 한번 잘 생각해보거라."

교장 선생님은 징계를 받아 마땅한 우리를, 아직 변화의 여지가 있다고 믿어준 것이다. 이 한 마디에 나는 자신의 행동을 깊이 뉘우치고, 스스로 행동을 자제하여, 다시는 학교에서 폭력을 행사하는 일이 없었다.

아이가 부모의 질책을 받고 반성하는 것은 거기에서 부모의 애정을 느끼기 때문이다. 언제나 부모의 애정을 받고 싶어하는 아이는 부모의 언행과 태도에 민감하다. 그러므로, 어머니의 '너를 믿는다'는 말 한 마디는 아이에게 백 번의 질책보다 훨씬 무게 있는 것이다.

꾸짖는 지혜

아이가 약속을 어겼을 때, 아이를 설득하기를 포기하고 내버려둔다는 식으로 말하는 어머니도 있는데, 이 방법은 절대 금물이다. 이렇게 되면 아이도 자포자기 상태가 되어, 반성하기는커녕 하지 말라는 행위에 더욱 집착할 뿐이다.

19 야단맞을 각오를 하고 있는 아이에게 질책은 효과 없다

나오키상 작가이며, TV 사회자로도 활약한 후지모토 기이치 씨의 에피소드이다.

어느날, 후지모토 씨의 딸이 귀가 시간 10시를 어기고, 아침이 다 되어서야 돌아왔다. 현관에서 딸을 맞은 후지모토 부인은 다짜고짜 혼을 내며, "어서 아버지한테 용서를 빌어라" 하고 말했다.

딸은 몹시 혼날 각오를 하고 있었는데, 후지모토 씨는 그런 그녀를 힐끗 쳐다보며 "바보!"라고 말하더니 방을 나가 버렸다. 이 한 마디로 딸은 자신의 잘못을 깊이 반성하고, 그 이후 귀가 시간을 어김없이 지켰다고 한다.

아이가 야단맞을 것을 각오하고 있을 때, 엄하게 꾸짖으면 꾸짖을수록 상대의 반발심은 커지며, 오히려 역효과가 나타나 아이가 반성할 기회를 잃고 만다. 이런 때는 '꾸짖지 않고 꾸짖는' 테크닉을 잘 구사해야 하는 것이다.

아이가 시험에서 나쁜 점수를 받았을 때, "점수가 이게 뭐야!" "텔레비전만 보니까 이런 점수를 받지!" 하며 꾸짖는 어머니가 대부분일 것이다. 이러면 아이는 "아이 참! 알았어요, 알았어" 하며, 진지하게 어머니의 말에 귀를 기울이려고 하지 않는다.

혼날 각오를 하고 있는 상대에게 질책은 효과 없다. 아이가 시험에서 나쁜 점수를 받았을 때는 "다음에는 열심히 해!" 하고 격려하는 편이 낫다. 그렇게 하는 것이 오히려 아이를 자극하여, 결과적으로 텔레비전을 보고 싶은 충동을 자제하고, 끈기 있게 공부에 임하도록 만드는 방법이다.

꾸짖는 지혜

아이가 야단맞을 것을 각오하고 있을 때, 엄하게 꾸짖으면 꾸짖을수록 상대의 반발심은 커지며, 오히려 역효과가 나타나 아이가 반성할 기회를 잃고 만다.

20 "나도 잘못했다"고 말하는 부모의 한 마디가 아이를 반성하게 만든다

갑자기 손님이 찾아와 어머니가 현관에서 손님을 맞고 있는 사이, 아이는 어머니의 눈을 피해 '엄마가 없을 때는 사용하지 말라'는 컴퓨터를 만지고 있었다. 운 나쁘게 키보드 옆에 있던 주스를 엎질러, 키보드가 못 쓰게 되어버렸다.

그 사실을 안 어머니가 아이를 꾸짖자, 아이는 "일부러 그런 게 아니에요" 하며 별로 반성하는 기미를 보이지 않는다. 어머니는 키보드를 망가뜨린 것보다, 순순히 반성하지 않는 아이의 태도에 더욱 화가 나, 이러쿵저러쿵 잔소리를 늘어놓은 후, '컴퓨터에는 절대로 손대지 말 것'을 명령했다. 아이는 어쩔 수 없이 고개를 끄덕이기는 했지만, 컴퓨터 전면 금지 조치에 불만스러운 얼굴이다.

이 어머니의 경우처럼 아이의 실수를 꾸짖을 때, 두 번 다시 같은 실수를 저지르지 못하도록 '금지'나 '명령'으로 아이의 행동에 규제를 가하는 어머니가 대부분일 것이다. 하지만, 그런 경우 자칫 잘못하면 아이가 부모에 대해 반항심을 갖게 될 우려가 있다.

꾸짖는 목적은 아이가 자주적으로 스스로의 행동을 고치게 하는 것이다. 그런 의미에서 어머니가 '컴퓨터에 절대로 손대지 말 것'이라고 못박는 것은 본래의 목적에서 벗어나는 일이라고 생각할 수 있다.

회사에서도 사람을 잘 다루는 상사는 결코 부하의 실수를 탓하지 않는다. 부하가 실수했을 때는 "내가 잘못 지시했네. 자네 탓이 아니야" 하는 식으로 말해, 부하의 실수를 자신의 탓으로 돌림으로써, 부하에게 자신의 행동을 객관적으로 바라볼 계기를 주어 반성하도록 유도한다.

키보드를 망가뜨린 아이의 어머니가 "미안하다. 컴퓨터를 끄지 않은 내가 잘못이다" 하고 말했다면, 아이는 자신의 행동을 반성했을 것이다. 그리고 어머니에게 전면 금지라는 말을 듣지 않아도, 어머니가 없을 때는 컴퓨터를 만지고 싶은 충동을 자제하게 되는 것이다.

꾸짖는 지혜

아이의 실수를 꾸짖을 때, 두 번 다시 같은 실수를 저지르지 못하도록 '금지'나 '명령'으로 아이의 행동에 규제를 가할 경우 자칫 잘못하면 아이가 부모에 대해 반항심을 갖게 될 우려가 있다.

제2장

생각하는 힘을 길러주도록 꾸짖는 비결

21 '이렇게 해라' 보다 '어떻게 하면 좋을까' 로

친구의 아이가 다니는 초등학교에서, 경로의 날을 맞아 생활 학습의 한 방법으로 노인 가정을 위문하는 교외 수업을 하기로 했다고 한다. 직원회의에서는 노인들을 즐겁게 해주기 위해, 아이들에게 연극을 시키기로 결정했다. 선생님은 학급회의 시간에 "무엇을 하면 좋을까요?" 하고 학생들에게 의견을 물었다. 그런데, 누구 한 사람 손을 들어 자신의 의견을 발표하는 사람이 없었던 것이다.

난감해진 선생님이 "그럼, 다같이 합창을 하는 것은 어떨까요?" 하고 제안하자, 학생들은 모두 찬성했다. 그리고, 방문 날까지 며칠 동안 방과후에 남아 열심히 연습하여, 방문 당일 훌륭한 노래 솜씨로 노인들을 기쁘게 해주었다고 한다.

이 학생들과 마찬가지로, '지시 받은 일은 잘 하지만, 지시가 없으면 스스로 능동적으로 행동하지 못하는' 아이들을 가리켜 '지시 대기형'이라고 하는데, 이런 경향은 성인에게도 나타나는 일종의 사회 현상이다.

이러한 '지시 대기형' 아이가 늘고 있는 원인은 가정 교육에 있다. 어릴 때부터 어머니에게 '이렇게 해' '저렇게 해' 하고 명령을 받으면서 자랐기 때문이다. 어머니는 이제까지의 풍부한 인생 경험을 통해, '어떠한 상황에서, 어떠한 행동을 취하면 좋은지'에 대한 판단력을 몸에 익히고 있으며, 그것을 아이에게 가르치고 있다. 그 때문에 아이도 자신의 판단을 존중하려고 하지 않고, 더욱더 '이렇게 해라' '그렇게 하면 안 된다' 하는 식의 명령형에 길들여지게 된다. 이것은 아이의 판단력을 키우는 데 전혀 도움이 되지 못한다.

미국에서 행한 '소집단의 리더 연구'에 의하면, 단순히 '명령'을 내리는 것이 얼마나 멤버의 사기를 떨어뜨리는 일인지 분명하게 보여주고 있다. 그들은 소집단의 리더를 '독재자형' '방임형' '민주형' 등 세 가지 유형으로 분류하고, 그 리더 밑에서 거기에 속한 멤버가 어떠한 행동을 취하는가를 연구했다.

그 결과 '독재자형' 리더가 이끄는 집단에서는 일일이 지시를 내리고 거기에 따르게 하는 리더의 방식에 멤버는 불만을 품고, 의욕을 상실해 작업 능률이 떨어졌다. 반면 작업의 목적을 명확히 알리며, 세세한 지시는 자제하고 작업의 역할 분담이나 순서를 멤버가 알아서 판단하도록 한 '민주형' 리더 밑에서는 '독재자형' 집단보다 작업 능률이 높았다고 보고하고 있다.

이런 연구 결과를 통해서 알 수 있듯이, 아이가 능동적인 행동을 하기 원한다면, 부모는 명령형으로 지시하지 말고, '~하려면 어떻게 해야 좋을까' 하는 청취형 질문으로 아이 스스로의 판단을 유도하는 것이 좋다. 이것이 바로 꾸짖는 지혜라 할 수 있다. 평소에 이런 습관을 길러주면 나무라는 횟수도 줄어들 뿐 아니라, 아이의 판단력도 점점 명확해진다.

꾸짖는 지혜

아이도 자신의 판단을 존중하려고 하지 않고, 더욱더 '이렇게 해라' '그렇게 하면 안 된다' 하는 식의 명령형에 길들여지게 된다. 이것은 아이의 판단력을 키우는 데 전혀 도움이 되지 못한다.

22 꾸짖기보다, '엄마는 이렇게 생각한다'라고 제안한다

학교 담임 선생님으로부터 "급식을 남기는 경우가 많습니다" 라는 말을 듣고, 집에 돌아와 아이에게 "급식은 남기지 말고 다 먹도록 해라" 하고 강한 어조로 나무라는 어머니가 적지 않다. 그 결과, 아이는 그 음식이 싫어질 뿐 아니라, '급식 기피증'과 같은 심각한 증상을 보이는 경우가 간혹 있다.

아이는 급식을 남기지 않는 것이 좋다는 것을 알고 있지만, 먹지 않으면 안 되는 진정한 이유를 이해할 수 없는 것이다. 이런 때, 부모나 선생님이 고압적으로 '강요'하면, 오히려 아이에게 급식에 대한 저항감을 줄 뿐이다.

그래서 "급식은 영양의 균형을 고려해 만들었기 때문에, 너의 건강을 위해 엄마는 반드시 다 먹는 게 좋다고 생각하는데" 하며 자신의 생각을 말해주어, 아이에게 '먹지 않으면 안 되는 이유'를 생각하게 만드는 것이 바로 지혜이다. 이처럼 '제안'하는 형식으로 말해야만 본래의 꾸짖는 목적을 달성하게 된다. 그리고, 결과적으로는 아이가 급식을 남기지 않고 다 먹는 행동으로 이어지는 것이다.

이처럼 아이 스스로의 판단에 결과를 맡기는 것을 애들러 심리학에서는 'I(나) 메시지'라고 한다. 사람과 사람과의 커뮤니케이션 중에서 가장 중요한 표현 방법이라고 할 수 있다.

물론, 아이를 교육시키는 데 있어서 뭐든지 마음대로 하도록 내버려두는 것이 아니라, 어머니의 확고한 사고방식 아래 가정교육이 이루어지도록 해야 한다. 하지만 그것이 '강요'나 '명령'처럼 강압적인 형태를 취하면, 어머니가 아무리 훌륭한 생각을 가지고 있다 해도 아이는 그것을 제대로 전달받지 못하게 된다.

자칫 잘못하면, 아이의 반발심을 유발할 우려가 있기 때문에, 어디까지나 '제안'하는 형태를 취하는 것이 아이가 자신의 행동을 진지하게 되돌아보고, 그 행동을 스스로 규정하는 계기가 되는 것이다.

같은 효과를 기대한다면, "엄마라면 이렇게 할 텐데…" 하고 말하는 방법도 있다. 예를 들면, 숙제를 하지 않고 텔레비전만 보고 있는 아이에게 "엄마라면 숙제를 먼저 해놓고, 천천히 텔레비전을 볼 텐데" 하고 말하는 식이다. 그러면, 아이도 '그게 좋을까… 그렇게 하자'는 생각이 들어, "텔레비전을 보기 전에 숙제 먼저 해라" 하고 말하는 것보다 훨씬 효과적이라 할 수 있다.

23 옳고 그름의 기준을 표현할 때

아이가 공원에서 함께 놀던 친구를 때려 울렸을 때, "친구와 사이좋게 놀아야 돼!" 하고 나무라는 어머니를 자주 보게 된다. 하지만 아직 어린 아이에게는 '말'로는 그 의미를 이해시킬 수 없다. "왜 때리면 안 되는가"를 납득하지 못하기 때문이다.

이런 경우, '말'로 아이를 설득시키기보다 어머니의 '태도'로 전달하는 것이 아이가 쉽게 이해할 수 있다.

앞의 예처럼 아이가 친구를 때렸을 때는 '친구를 때리는 것은 좋지 않아' 하고 슬픈 태도를 보이고, 친구와 사이좋게 놀고 있을 때는 '친구와 사이좋게 놀아서 기쁘다' 하고 진심에서 우러나는 기뻐하는 태도를 보이면, 아이는 어머니의 '태도'를 통해 친구와 사이좋게 노는 것이 얼마나 중요한지 이해하게 된다.

최근 들어 아이가 컴퓨터 게임에 빠져 고민하는 어머니들을 자주 보게 된다. 컴퓨터 게임에 열중하고 있는 아이에게 "이제 게임은 그만하고 밖에 나가서 놀아라" 하고 꾸짖으면, 아이는 고분고분 밖으로 놀러 나갈 것이다. 하지만, 아이는 '게임을 계속하면 엄마한테 혼나니까' 하는 이유로 어머니의 말에 따른 것인지도 모른다. 그러므로 아이는 '안 돼'라는 말을 듣지 않는 한 게임을 오랜 시간 계속해도 괜찮다는 판단 기준을 갖게 된다.

이런 때는 아이가 자발적으로 게임을 그만두도록 유도해야 한다. 아이가 게임을 할 때, "엄마는 네 건강이 걱정돼. 가끔은 밖에 나가 놀면 참 기쁠 텐데" 하고, 어머니의 기분을 전달하기만 하면 되는 것이다.

아이에게 있어서 엄마는 절대적인 존재이기 때문에, 엄마에게 걱정을 끼쳐서는 안 된다는 생각에 스스로 기쁘게 해줄 수 있는 일을 하게 된다. "밖에서 놀면 기쁠 텐데" 하는 한 마디로 아이는 자신의 행동을 반성하고, 잠시 후 스스로 판단해 게임을 멈추게 될 것이다. 아이에 대해 '안 된다' '그만해' 하는 말로 일방적으로 금지시키거나 명령하는 일은 오히려 아이에게 자기 자신을 반성할 기회를 빼앗는 것이다. 그러므로 이런 방법은 반드시 피해야 한다.

24 '빨리빨리 해라' 보다, 할 수 있는 방법을 함께 생각해준다

"우리 아이는 학교 갈 준비가 항상 늦어요" 하고 고민하는 어머니가 매우 많다. 당연히 아이는 상황이나 시간, 양에 대한 예측이 성인보다 정확하지 않다. 어머니의 눈에는 꾸물거리는 것처럼 보이는 행동일지라도, 아이 자신은 열심히 서둘러 움직이고 있는 것이다. 그 아이의 행동을 인정해주고 싶은 마음은 있지만, '등교시간'이라는 한정된 시간 속에서는 조급하게 재촉할 수밖에 없는 것이 현실이다.

따라서, 매일 아침 아이가 집을 나설 때까지의 짧은 시간 동안 "빨리빨리 해라"를 몇 번이고 반복할 수밖에 없다. 심지어는 아무리 말해도 민첩하게 행동하지 않는 아이에게 화를 내며, "빨리 입어" "빨리 밥 먹어" 하고 아이의 옆에 붙어 서서 일일이 지시하는 일도 드물지 않다. 이렇게 되면 아이는 '엄마가 말한 대로 움직이면 돼' 하는 생각을 갖게 되어, 결과적으로 아이의 느릿느릿한 행동은 더욱더 고치기 어려워진다.

'마감 효과'라는 것이 있다. 인간은 시간을 구분하면 일과 공부에 대한 의욕이 높아지고, 집중력을 발휘할 수 있다는 심리적 작용을 말한다. 이 특성을 잘 이용해 아이에게 시간적인 목표를 주고, 작업을 예측하도록 유도하며, 그것을 실행하기 위해서는 어떻게 해야 하는지 생각하게 하는 것이 어머니의 지혜이다.

학교에 가기 위해 집을 나서는 시간은 매일 정해져 있기 때문에, 그 시간을 최종 목표로 해서, 그 목표 시간에 맞추기 위해서는 어떻게 하면 좋을지 함께 생각한다. 이를테면, 집을 나서는 시간이 8시로 정해져 있다면, 7시 20분에 일어나 7시 30분까지 옷을 갈아입고, 7시 50분에 아침식사를 마친다는 식의 구체적인 목표를 설정하게 하고, 자신의 행동을 관리하도록 지도하는 것이다.

그리고 일단 아이가 스스로 결정한 행동에 대해서는 이렇다저렇다 평가하지 말고, 아이 스스로에게 맡긴다. 그것이 잘 지켜졌을 때 "잘했다"고 그 행위를 칭찬해주면, 아이는 성취감을 맛보고, 이후 자연스럽게 자발적으로 행동하는 힘이 길러진다. "빨리 해라"라고 꾸짖는 것보다 훨씬 효과 있는 방법이다.

25 왜 혼나는지 그 이유를 생각하게 한다

어머니에게 야단맞고 울면서 "잘못했어요"라는 말을 반복하는 아이, 그리고 울고 있는 아이에게 "어서 잘못했습니다 라고 말해" 하며 야단치는 어머니의 모습을 자주 보게 된다.

아이가 잘못했을 때 '잘못했어요'라고 말하도록 하는 것은 가정교육에 있어서 매우 중요한 일이다. 하지만 어머니가 '잘못했다'는 말에 얽매여 그것을 강요한다면, 아이는

'잘못했어요'라고 말하기만 하면 그만이라는 생각을 갖게 된다. '잘못했어요'라는 말은 자신의 잘못을 진심으로 반성하고 말했을 때 의미 있는 것이지, 부모의 용서를 구하기 위해서라든가, 당장의 꾸지람을 회피하기 위해서라면 아무 의미가 없다.

아이가 다른 아이에게 상처를 입혔을 때, 상대의 집에 찾아가 "죄송합니다"라고 말하는 경우도 마찬가지다. 상처를 입힌 상대에게 잘못을

비는 것은 당연한 일이지만, '사죄'하는 것으로 모든 게 끝났다고 생각해서는 안 된다. 상대에게 사죄하게 한 후, 어머니는 아이에게 상처를 입히기까지의 경위를 듣고, 왜 타인에게 해를 가하면 안 되는지를 가르치고, 왜 자신이 사죄하지 않으면 안 되었는가를 생각하도록 만드는 것이 진정으로 꾸짖는 목적이다.

그렇게 함으로써 아이는 자기 자신의 행위를 돌아보고, 무엇을 잘못했는지, 어떻게 하는 게 좋았었는지 생각하고, 똑같은 상황에 처했을 때 다시는 잘못을 하지 않겠다고 반성하게 된다. 어머니가 '왜 야단맞는지'를 아이에게 가르치지 않으면, 아이는 같은 잘못을 몇 번이고 되풀이하여 꾸짖는 의미가 없어지는 것이다.

꾸짖는 지혜

'잘못했어요'라고 말하기만 하면 그만이라는 생각을 갖게 된다. '잘못했어요'라는 말은 자신의 잘못을 진심으로 반성하고 말했을 때 의미있는 것이지, 부모의 용서를 구하기 위해서라든가, 당장의 꾸지람을 회피하기 위해서라면 아무 의미가 없다.

26 부모가 본보기를 보이면, 아이도 고분고분 사죄한다

여러분은 아이를 꾸짖기 전에 자신의 행동은 어떠한지 되돌아본 적이 있는가. 만약 여러분의 아이가 고분고분하지 않은 아이라면, 그것은 그 아이의 성격이라기보다 부모의 행동을 보고 배운 결과라고 할 수 있다.

'아이는 부모의 거울'이라는 말도 있듯이, '아이의 모습은 바로 부모 자신의 모습'인 것이다. 이 말에는 '아이의 행동을 보고, 부모는 자기 자신의 행동을 반성해야 한다'는 의미도 된다.

여러분은 아이 앞에서 자신의 잘못을 인정하고 진심으로 사죄할 수 있는가? 아이는 스스로 의식하든 그렇지 않든, 항상 부모의 등뒤에 서서 자신이 어떻게 행동해야 하는지 매일의 생활 속에서 배우고 있다. 아이의 모습을 통해 어머니 자신이 반성해야 할 일은 없는가.

부모라면 누구나 우리 아이는 잘못을 했을 때 정직하게 사과할 줄 아는 아이로 키우고 싶다고 생각한다. 그렇기 때문에, 잘못을 저질렀을 때 변명하거나, 다른 사람 탓으로 돌리거나, 어물어물 넘어가거나 하는 아이의 모습을 보면, '어째서 이런 아이가 되었을까' 하고 한탄하고, "왜 고분고분 사죄하지 않는 거니?" 하며 야단치고 싶어진다.

하지만 여기서 생각해야 할 것은, 아이를 비난하는 것은 부모의 권위를 지키는 게 아니라는 것이다. 부모도 인간이며, 신과 같은 전지전능한 존재가 아니기 때문에 잘못을 저지르는 경우도 있다. 그때 잘못을 인정하지 않고, "왜 부모의 말을 듣지 않는 거야!" 하고 일방적으로 권위를 내세워 잘못을 얼버무리는 것은 절대 금물이다. 그렇게 되면, 그것을 지켜보는 아이는 '잘못했을 때에는 적당히 얼버무리면 되는구나' 하고 배우고 만다.

부모들도 자신이 잘못하고 있다고 생각했을 때는 상대가 아이일지라도 정직하게 사죄하는 자세가 필요하다. 그렇게 하면, 아이에게 '잘못했을 때는 사죄해야 한다'는 판단기준을 심어줄 수 있다. 부모가 사죄했다고 해서 아이가 부모를 바보라고 생각하지는 않는다. 오히려 반대로 부모의 솔직한 인간성을 인정하고 존경하고 배우게 된다. 그것이 부모가 위엄을 지키는 방법이 되는 것이다.

꾸짖는 지혜

부모들도 자신이 잘못하고 있다고 생각했을 때는 상대가 아이일지라도 정직하게 사죄하는 자세가 필요하다. 그렇게 하면, 아이에게 '잘못했을 때는 사죄해야 한다'는 판단기준을 심어줄 수 있다.

27 무조건 '금지'하기보다, 때로는 아이의 판단에 맡기도록 한다

아이가 만화책만 읽고 다른 책을 읽지 않는 것을 염려하는 어머니가 많다. 나는 개인적으로 아이가 만화책을 읽는 것 자체는 그리 나쁘다고 생각하지 않는다. 만화책은 아이에게 있어서 문자를 스스로 익히는 도구이며, 여러 가지 유형의 인생을 느끼게 하는 하나의 수단이라고 생각하기 때문이다.

문제는 만화책에 열중한 나머지 공부를 게을리 하거나, 집안 일을 귀찮아하는 태도를 보였을 때, 어머니가 아이에게 어떠한 방법을 취해야 하느냐이다.

이때 "만화책을 읽어선 안 돼" 하고 금지시키는 것은 그다지 지혜로운 방법이 아니다. 인간은 '막을수록 욕구가 치솟는' 악마 같은 심리 경향이 있기 때문에, 만화책 읽는 것을 방해받은 아이는 부모의 눈을 피해 숨어서 만화책을 읽게 되고, 더욱더 만화책에 집착할 우려가 있다. 아이가 만화책 읽는 것을 막고 싶다면, 거꾸로 아이가 싫증날 때까지 만화책을 읽도록 하는 것도 한 방법이다.

영국이나 미국에서 행하고 있는 '오픈 시스템'은 놀이와 공부를 모두 아이의 자발적인 계획에 맡기는 방식으로 유명한 교육법이다. 노는 것도 공부하는 것도 본인이 알아서 하는 환경에서는 당연히 놀이를 우선시하고 공부를 뒷전으로 하는 아이가 많다. 그런데 지칠 때까지 놀던 아이는 막상 공부할 때에는 놀라울 정도의 집중력을 발휘하여, "놀면 안 돼"라는 말을 들으며 공부했던 아이들보다 좋은 성적을 보였다는 보고가 있다.

아이를 강압하지 않고, 스스로 판단하여 행동을 결정하게 하는 것이 다음 작업에 대한 의욕을 높이고, 또한 집중력을 최대한 발휘할 수 있게 하는 것이다.

여기서 우리가 알 수 있는 것은 아이의 행동에 대해 '해서는 안 돼' 하는 '금지'형으로 관리할 것이 아니라, 경우에 따라서는 아이 스스로의 판단에 맡기는 편이 좋다는 것이다.

갈수록 아이들의 문장력이 떨어지고 있는 지금, 만화 이외의 책도 읽었으면 하는 어머니의 마음을 이해하지 못하는 것은 아니다. 그래서 "만화는 안 돼. 이 책을 읽어" 하고 강제적으로 책을 쥐어주는 어머니도 있겠지만, 그것은 오히려 '책 기피증' 아이로 만드는 지름길이며, 그렇게 해서 이루어진 독서는 아이에게 독서의 즐거움을 느끼게 하는 데 아무런 도움이 안 된다.

꾸짖는 일을 잠시 중단하고 끈질기게 기다리는 이 작전은 사실 목표 달성을 앞당기는 방법이다. 어머니 자신이 안달하지 않고 진득하게 참고 있는 것이 최종적으로는 좋은 결과를 낳게 된다.

꾸짖는 지혜

지칠 때까지 놀던 아이는 막상 공부할 때에는 놀라울 정도의 집중력을 발휘하여, "놀면 안 돼"라는 말을 들으며 공부했던 아이들보다 좋은 성적을 보였다는 보고가 있다.

28 소리 지르지 않고, 조용한 소리로 차근차근 꾸짖는다

아이를 야단칠 때, 째질 듯한 큰 소리로 감정적인 말을 늘어놓는다면, 아이의 반항심만 부추길 뿐, 아이는 고분고분한 태도를 보이지 않을 것이다. 아이는 이성을 잃고 소리를 지르는 부모의 모습을 보며 '또 시작이네' '아이 시끄러워' 하며 성가셔 할 뿐, 질책의 내용에 대해서는 전혀 관심을 두지 않을 수도 있다.

아이를 꾸짖는 목적은 아이가 자신의 잘못을 인정하고 반성하게 하는 데 있다. 그러므로 신경질적인 목소리로 화를 내려면 차라리 꾸짖지 않는 편이 낫다.

꾸짖는다는 것은 타이르고 설득하여 이해시키려는 것이기 때문에, 냉정한 태도를 취하지 않으면 아이는 전혀 깨닫지 못한다. "너는 네가 한 일을 어떻게 생각하니?" 하고 조용한 어조로, 또 작은 목소리로 천천히 말하면, 아이는 의외로 순순히 부모의 말에 귀를 기울이게 되며,

자신의 잘못을 인정하고 싶어진다.

'작은 소리로 천천히 꾸짖는' 것은 아이의 경청을 유도할 뿐 아니라, 부모 자신이 이성을 잃지 않아, 전달하고자 하는 내용의 설득력을 높인다는 장점도 있다. 감정적으로 질책하다 보면 말하는 도중 무엇에 대해 혼내고 있는지 그 목적이 불분명해지는 경우가 많다. 하지만 나지막한 소리로 천천히 꾸짖게 되면, 부모는 자신이 말하려는 내용을 곰곰이 생각하면서, 아이가 듣고 있는 상태를 파악하며 말할 수 있는 것이다. '이렇게 말하면 아이가 반발심을 일으키지 않을까' '이렇게 말하면 아이가 반성하는 데 효과적이다' 하고 상대의 반응을 예측하면서 말하면 설득력이 있게 마련이다.

야단맞는 일은 아이에게 결코 즐거운 일이 아니다. 설교 따위는 듣고 싶지 않은 것이 솔직한 기분이다. 따라서, 부모는 아이의 그러한 기분을 이해하고, 아이가 '듣게 만드는' 질책 방법을 잘 익혀 능숙하게 구사할 필요가 있다.

꾸짖는 지혜

"너는 네가 한 일을 어떻게 생각하니?" 하고 조용한 어조로, 또 작은 목소리로 천천히 말하면, 아이는 의외로 순순히 부모의 말에 귀를 기울이게 되며, 자신의 잘못을 인정하고 싶어진다.

29 잔소리하듯 혼내지 말고, '번개'를 한방 내리친다

아이가 공부하지 않는다고 야단치고, 꾸물거린다고 야단치고, 하루종일 트집을 잡아 질리도록 혼내기만 한다면, 아이는 야단맞는 데 이골이 나서 부모의 말을 한 귀로 듣고 한 귀로 흘려버리고 만다.

이렇게 하면 안 된다고 야단치고, 부모 말에 귀기울이지 않는다고 야단쳐서, 결국 아이는 '야단맞는 습성'이 길러지게 된다. 이렇게 되면 꾸짖는 의미는 모두 사라지고, 아이 또한 자신의 행위를 고치려고 하기는커녕, 자칫 잘못하면 부모와 자녀의 신뢰관계에 금이 갈 우려가 있다. '꾸짖는 것은 아이를 위해서'라는 본래의 목적을 잊고 있지는 않은가?

꾸짖는 효과를 높이기 위해서는 '잔소리하듯 혼내지 말고, 요점을 꼭 집어 번개를 내리치는' 방식을 실천해야 한다. 하루 종일 함께 있는 어머니가 꾸짖기보다, 아침과 저녁, 휴일에만 얼굴을 마주할 수 있는, 언제나 과묵한 아버지가 꾸짖을 때, 아이가 더 고분고분해진다는 사실은 다들 경험한 바 있을 것이다.

별로 혼내는 법이 없는 아버지가 혼냈다는 '의외성'이 아이에게 긴장감을 주고, '이것은 드문 일이다'라고 생각하여 아이가 신중하게 질책에 귀를 기울인 결과이다.

아이가 자신의 행동을 반성하며 성장하길 바란다면, 우선은 반드시 이야기에 귀를 기울이게 만들어야 한다. 아이는 가끔 떨어지는 '번개'를 무서워하는 것이다.

꾸짖는 지혜

꾸짖는 효과를 높이기 위해서는 '잔소리하듯 혼내지 말고, 요점을 꼭 집어 번개를 내리치는' 방식을 실천해야 한다.

30 같은 일을 꾸짖더라도, 상황에 따라 다르게 말한다

"우리 애는 아무리 애를 써도 전혀 말을 듣지 않아요" 하며 호소하는 어머니가 많다. 결론부터 말하면 '공부해라' '일찍 자라' '텔레비전을 꺼라' 하며 매일매일 똑같은 말만 되풀이하기 때문에, 아이는 말을 듣지 않는 것이다.

아이는 잔소리를 들을 때마다 '또 시작이야, 또'라고 생각할 뿐, 질책 자체에는 무감각해진다. 인간에게는 같은 자극을 계속해서 받게 되면 그 자극에 익숙해져, 자극을 자극이라고 느끼지 못하는 '심리적 만성화' 경향이 있기 때문이다.

예를 들면, 전차 안에서 흘러나오는 "휴대전화 사용을 삼가 주세요" 하는 안내 방송을 떠올려보면 쉽게 이해할 수 있을 것이다. 출퇴근 또는 등하교 길에 매일 지하철을 이용하는 사람에게는 매번 같은 말만 되풀이하는 안내 방송은 그저 잡음에 지나지 않으며, 그것을 듣고 주의

하는 사람은 거의 없다.

휴대전화 사용이 다른 사람에게 폐가 된다는 사실을 잘 알고 있으면서도, 많은 사람들이 차안에서 아무렇지 않게 통화를 하는 것은 역시 '심리적 만성화'를 보여주는 예이다. 승객에게 주의를 주고자 하면 매번 똑같은 말을 반복할 것이 아니라, "휴대전화로 이야기하는 내용을 차내 모든 승객의 듣게 되며……" 하고 말을 약간만 바꾸면 나름대로 효과를 기대할 수 있지 않을까.

아이에게 빨리 자라고 말할 때 상투적으로 "빨리 자라" 할 것이 아니라, "빨리 자야 내일 아침에 상쾌하게 일어날 수 있는 거야" 또는 "잠을 적게 자면 내일 수업 시간에 졸지도 몰라" 하는 식으로 표현을 달리하면 심리적 만성화를 막을 수 있다. 이런 방법은 아이에게 '일찍 자지 않으면 안 된다'고 생각하는 동기를 부여해주기 때문에 한층 더 효과적이다.

31 때로는 다른 사람에게 야단맞는 것도 한 방법이다

어느 어머니로부터 이런 경험담을 들은 적이 있다.

A군의 어머니가 "극장이나 미술관에 아이를 데리고 가고 싶지만, 우리 애는 산만해서 곤란해요" 하며 하소연하자, A군의 친구 B군의 어머니는 "그럼, 모두 함께 갈까요?" 하며, 나가기를 꺼려하는 A군의 어머니에게 영화 관람을 제안했다.

A군의 어머니는 내심 불안해하면서도, 모처럼의 제의를 거절해서는 안 된다는 생각이 들어, 결국 다음 일요일에 영화를 보러 가기로 약속했다.

약속 날, 극장에 간 A군 어머니의 예상은 어김없이 적중했다. 친구가 함께 있어서인지, 흥분한 A군은 쉴새없이 큰소리로 떠들어댔고, 조용히 하라고 아무리 주의를 주어도 전혀 들을 생각을 안 했다.

많은 사람들 앞에서 호되게 야단칠 수도 없고, 난감해진 A군 어머니는 아이가 떠드는 모습을 곁눈질로 보면서, 이런 약속을 한 것 자체가 잘못이었다고 후회했다.

그러자 영화 관람을 제안한 B군의 어머니가 나서서 "영화관에서는 조용히 하지 않으면 다른 사람에게 폐를 끼치게 되니까, 조용히 못 하겠다면 돌아가자" 하고, 아이들에게 단호하게 선언했다.

그 말을 들은 A군은 어리둥절한 표정을 짓더니, 더 이상 떠들지 않고 조용히 영화를 보았다고 한다.

아이는 자기 부모보다 다른 사람에 대해 더 강하게 '사회'를 느끼고 있기 때문에, 다른 사람에게 야단맞으면 긴장하여 말을 들어야 한다는 생각을 갖게 된다. B군의 어머니는 그 사실을 알고 있었기 때문에, 함께 영화를 보자고 제안했는지도 모른다.

'다른 사람이 하는 말은 잘 들어야 한다'는 이 심리는, 친구의 집을 방문할 때 혹은 결혼식 같은 공공 장소에서 지켜야 할 매너를 아이에게 가르칠 때 매우 효과적이다. 가까이 지내는 친구에게 아이를 꾸짖어 주도록 부탁해보는 것도 한 방법이다.

물론, 아이를 가르치는 주체는 다름 아닌 부모이다. 여기서 말하고자 하는 것은, 부모와 자녀처럼 '인정에 얽매인 관계'와 거리가 먼 다른 사람의 한 마디가 부모의 백 마디 질책보다 훨씬 효과적인 경우가 있으며, 그것을 잘 이용해야 한다는 것이다.

32 아이의 친구를 빌미삼아 내 아이를 꾸짖는다

어느 어머니는 큰아이의 친구가 어린 남동생을 울렸을 때, "○○야, 어린 동생을 울리는 것은 형답지 않은 짓이야" 하며, 그 아이의 잘못된 행위를 지적하고 꾸짖었다.

옆에서 친구가 혼나는 것을 본 큰아이는 자신이 야단맞지 않는 것을 다행이라고 생각함과 동시에 그때까지의 동생에 대한 자신의 행위를 되돌아보고 반성했다. 어머니는 자기 아이를 '꾸짖지 않고 꾸짖은' 셈이 되었다.

질책을 받아들이는 방법은 그 아이의 성격이나 부모와의 관계에 따라 개인차가 있다. 기가 약한 아이 가운데는 혼나면 위축되어 오히려 역효과가 나타나는 경우도 적지 않다.

만일 아이가 이런 타입이라면, 계속해서 꾸짖는 것은 현명하지 않다. 이때는 '꾸짖지 않으면서 꾸짖는' 방법을 통해 아이에게 반성의 계기를 만들어 주는 것이 중요하다.

심리학에서는 직접적으로 꾸짖는 것을 피하고, 아이에게 암시적으로 가르쳐, 꾸짖는 것 이상으로 효과를 주는 것을 '암시적 강화'라고 부른다.

이 '암시적 강화'와는 반대로, 아이의 친구를 칭찬함으로써 자신의 아이를 꾸짖는 심리 작용도 있는데, 이것을 활용하면 꾸짖지 않고도 꾸짖는 효과를 얻을 수 있다.

이를테면 집에 놀러와 있는 아이의 친구가 간식 그릇을 치우는 일을 도왔을 때, "너는 참 착하구나. 항상 그렇게 엄마를 돕니?" 하고 그 친구의 행동을 칭찬하면, 아이는 그때까지 그릇을 치우지 않았던 것을 반성하게 된다.

다른 아이를 칭찬하기는 쉬운 일이지만, 꾸짖는 데는 용기가 필요하다. 특히 다른 집 아이를 꾸짖는다는 것은 아주 조심스러운 일이다. 특히 그 아이의 부모가 어떻게 생각할까 염려되어 꾸짖는 것을 회피하는 경향이 있다. 하지만 나쁜 일을 했을 때는 다른 사람의 아이라도 올바르게 가르치는 것이 그 아이를 위한 것이며, 또한 함께 있는 자신의 아이에게도 잘못된 행위에 대한 기준을 가르치는 좋은 기회가 되는 것이다.

33 "아빠한테 혼나"라고 말하는 것은 역효과

아버지에게 야단맞을 때의 두려움을 역이용하여, "그런 짓을 하면 아빠한테 혼난다" 하고 아이를 나무라는 어머니가 적지 않다. 아이는 아버지에게 혼나지 않으려고 당장은 어머니의 말을 들을지도 모른다. 하지만 왜 혼나는가를 이해시키지 않은 채, 힘으로 억누르는 듯한 이러한 방법은 아이를 '꾸짖는' 것이 아니라, 단지 '위협'하는 것이다.

최근 들어 가정 내에서 아버지의 존재가 희박해져, '아버지의 권위가 땅에 떨어졌다'고까지 말한다. 그렇긴 해도, 늘 잔소리하는 어머니에게 야단맞기보다, 평소 별로 혼내지 않는 아버지에게 야단맞는 것이 아이에게 더 두려운 일이라는 것은 예나 지금이나 마찬가지다.

아버지를 끌어들이더라도 "아빠가 돌아오시면, 혼내주라고 할 거야" 하고 말하는 것은 피하는 게 좋다. 이 방법은 어머니 스스로가 가정교육의 주체성을 포기하는 자세를 보이는 것이며, 가정교육에 있어서 어머니의 권위를 스스로 깎아내리는 결과를 낳을지도 모른다. 결국, 아이는 아버지를 두려워하는 반면 어머니에 대해서는 어렵지 않게 여기며, 더구나 아이는 어머니를 얕보고, 어머니의 말에 귀를 기울이지 않게 될 것이다.

또 한 가지 좋지 않은 방법은 "아빠한테 이를 거야"라고 말하는 것이다. 그렇게 되면, 아이는 자신의 잘못을 아버지에게 고자질한 어머니를 불신하게 되며, 모자관계의 신뢰에 금이 갈 우려가 있다.

아이를 교육시킨다는 것은 어떤 행위에 대한 올바른 판단 기준을 심어주는 것이다. 그렇기 때문에, 반드시 꾸짖어야 할 행동을 목격했다면, 그 자리에서 어머니가 직접 꾸짖는 것이 가장 현명한 방법이다.

분명, 아이의 가정교육에는 아버지와 어머니의 연합 작전도 필요하다. 하지만 거기에 얽매이기보다 아이가 잘못을 저질렀을 때, 어머니가 주체성을 갖고 그 잘못을 나무라는 것이 아이에게 꾸짖는 의미를 쉽게 이해시킬 수 있으며, 또한 아이 스스로도 순순히 받아들일 마음이 생기는 것이다.

34 엄하게 꾸짖을 때와 부드럽게 꾸짖을 때의 구별

나는 아이를 꾸짖어야 할 때를 크게 두 가지 양상으로 구분할 수 있다고 생각한다. 즉, 꾸짖는 내용에 따라 그 방법도 구별할 필요가 있다는 뜻이다.

하나는, 일상생활에서 실천하도록 하는 것이다. 예를 들어, 밖에서 돌아오면 손을 씻는다, 식사 후에는 양치질을 한다, 욕실에서 몸을 깨끗이 씻는다 등 위생적인 습관을 갖도록 하는 것이 여기에 해당한다.

손을 씻지 않는 아이에게 "손을 씻어라", 양치질을 하지 않는 아이에게 "이를 닦아라" 하며, 쉴새없이 잔소리하는 어머니가 있는데, 이런 경우 부드러운 말투로 타이르는 것이 더 효과적이다. 지나치게 나무라면 오히려 '무슨 일이든 다 귀찮아' 하는 무기력한 아이로 자랄 우려가 있기 때문이다.

일상생활에 필요한 습관은, 아이가 성장함에 따라 반드시 그렇게 해야 한다고 스스로 판단하여, 자연스럽게 몸에서 우러나오도록 하는 것이 중요하다. 양치질을 하지 않는 아이가 친구에게서 "네 입에서 냄새가 나" 하는 말을 들으면 스스로 양치질을 하게 되는 것이다. 이처럼 자신의 판단으로 익힌 습관은 혼나면서 익힌 습관보다 더욱 확실하게 몸에 밴다고 할 수 있다.

또 한 가지 중요한 가정교육은 다른 사람에게 폐를 끼치는 행위를 하지 않도록 하는 것이다. 이 경우는 엄하게 꾸짖을 필요가 있다.

얼마 전, 시나리오 작가인 U씨가 신칸센 열차 안에서 시끄럽게 떠드는 아이에 대한 이야기를 신문에 기고했더니, "아이를 키우지 않는 사

람은 알지 못할 거예요" 하는 내용의 항의가 빗발쳤다는 말을 듣고 매우 놀랐었다. 열차 안에서 제멋대로 행동하는 아이를 보고도 '아이니까 어쩔 수 없지' 하며 꾸짖지 않고 내버려두는 어머니를 자주 보게 되는데, 정말 어처구니없는 얘기다.

공공 장소에서 어떻게 행동해야 하는가를 부모가 가르치지 않는다면, 아이는 언제까지고 자신의 행위에 대한 선악의 기준을 배울 수 없게 된다. 결국에는 다른 사람에게 폐를 끼치는 일에 아무런 죄책감도 느끼지 못하는 어른으로 성장할지 모른다.

부드럽게 꾸짖을 때와 엄하게 꾸짖을 때의 차이를 충분히 이해하고, 상황에 맞게 적절하게 방법을 선택하는 것이 현명한 어머니이다. 이 구별을 혼동하면, 가정교육 자체가 잘못될 우려가 있다.

꾸짖는 지혜

일상생활에 필요한 습관은, 자연스럽게 몸에서 우러나오도록 하는 것이 중요하다. 양치질을 하지 않는 아이가 친구에게서 "네 입에서 냄새가 나" 하는 말을 들으면 스스로 양치질을 하게 되는 것이다.

35 '왕따 경험'은 친구를 따돌리지 않는 특효약

아이가 다른 아이를 왕따시키고 있다는 사실을 알았을 때, 부모라면 "친구를 따돌림 시켜서는 안 된다"라고 아이를 야단치겠지만, 아무리 엄하게 꾸짖어도 이 왕따 문제가 해결이 안 되고 있다. 해마다 늘어나고 있는 왕따와 등교 거부가 잘 말해주고 있다.

아이가 친구를 왕따시키지 않게 하려면, 가정에서 왕따를 경험하게 하는 것이 가장 빠른 길이다. 왕따당하는 것이 얼마나 괴로운 일인지, 실제로 그 고통을 경험하게 되면, 자신의 행동에 대한 잘못을 깨달을 뿐 아니라, '왕따를 시켜서는 안 되겠구나' 하는 판단을 아이에게 심어주는 특효약이라고 할 수 있다.

가정에서 비슷하게 연기를 하더라도, 왕따를 경험시키게 할 때는 진지하게 할 필요가 있다. '발로 걷어차고 때리는' 행동을 할 때도 아이가 아프다고 느껴 "그만해!" 하고 호소할 정도로 실감나게 연기해야, 아이에게 맞을 때의 고통과 불쾌감을 맛보게 할 수 있을 것이다.

아이가 아플 정도로 때린 뒤에 "어떤 기분이 들었니?" 하고 물어보면, 아이는 "기분이 나빴어요"라고 대답할 것이다. 그때, "싫었어? 그럼 전에 너에게 맞은 친구는 어떤 기분이었을지 이해하겠니? 다음에도 친구를 때릴 거니?" 하고 계속 물으면, 왕따당하는 고통을 맛본 아이는 "아니, 이제 그러지 않을 거예요" 하고 대답할 것이다.

왕따뿐만 아니라, 아이에게 있어서 올바른 습관을 몸에 배게 하는 가장 확실한 방법은 실제로 경험해보게 하는 것이다. 아이는 '말'로 야단맞기보다 실제로 '경험'해보면서 여러 가지를 배우고 있는 것이다.

꾸짖는 지혜

아이가 친구를 왕따시키지 않게 하려면, 가정에서 왕따를 경험하게 하는 것이 가장 빠른 길이다. 왕따당하는 것이 얼마나 괴로운 일인지, 실제로 그 고통을 경험하게 되면, 자신의 행동에 대한 잘못을 깨닫게 된다.

36 '남자니까' '여자니까' 하는 구분은 판단력을 흐리게 한다

예부터 전해 내려온 봉건적 영향 때문일까, 지금도 남자 여자를 구분 짓는 교육방식이 뿌리깊게 존재하고 있다. 인간은 남성과 여성으로 구분되고, 성별에 따라 어느 정도 그 적성에 차이가 있는 것은 사실이다. 하지만 그 테두리에 얽매여 아이의 행동을 제한하는 것은 아이의 가능성을 제한할 뿐 아니라, 성별에 관계없이 사람으로서 살아가는데 필요한 판단 기준을 흐리게 할 우려가 있다.

여자아이가 친구 얼굴에 상처를 내면, "여자니까 그런 난폭한 짓을 해선 안 돼" 하고 꾸짖는 어머니가 있다. 하지만 사람을 다치게 하는 행위는 여자이기 때문에 하면 안 되는 것이 아니라, 사람으로서 용서받지 못하는 행위이기 때문에 "사람은 다른 사람을 다치게 해선 안 돼" 하고 가르쳐야 할 것이다.

'여자니까' 하는 말의 배경에는 '여자는 얌전히, 남자는 씩씩하게'라는 어머니 자신의 성별에 대한 잘못된 사고방식이 개입되어 있다고 볼 수 있다. 이런 기준으로 아이를 교육시키면 올바른 선악의 기준을 아이에게 가르칠 수 없다.

남자아이가 다른 친구를 다치게 했을 때, "남자니까 드센 것은 어쩔 수 없지" 하며 그 행위를 정당화하는 것도 마찬가지다. '~니까' 하는 말로 아이의 행위를 허용하는 방법은 아이에게 올바른 판단을 가르칠 수 없을 뿐 아니라, 아이를 무책임한 아이로 만들 위험성도 있다.

아이를 한 인간으로서 키워가는 것이 부모의 역할이기 때문에, 부모 자신이 성별에 대한 편견을 버리고, 아이의 행동이 '한 사람의 인간으로서' 올바른가 하는 판단을 분명히 가르치는 것이 중요하다.

37 '금지' 시킬 때, 부모의 가치 기준을 배제한다

내가 어렸을 때, 남자아이들은 대부분 딱지치기나 구슬치기 같은 놀이를 즐겼다. 어린 마음에도 그다지 수준 높은 놀이는 아니라고 여겼는지, 주로 뒷골목에 모여서 놀았다. 이제 와서 돌이켜보니, 그때의 놀이로부터 여러 가지 것을 배웠다는 생각이 든다. 이를테면, 부모의 판단으로는 '고급 놀이'가 아니라도, 아이에게 있어서는 그것이 귀중한 학습의 장이었던 것이다.

놀이에는 반드시 지켜야 할 규칙이 존재한다. 아무리 아끼는 구슬이라도 승부에서 지면 다른 친구의 손에 넘겨야 하며, 화가 나도 꾹 참아야 한다. 만일, 불만을 토로하면 게임에 참가할 자격이 없는 것으로 여겨져, 친구 사이에서 따돌림을 당하기 십상이다.

비록 놀이에 불과할지라도, 그 속에서 아이는 나름대로의 사회성을 배우는 것이다. 어른의 판단으로 '수준 낮은 놀이'라고 생각되는 것이라도, 일방적으로 '그것은 하지 말아라' 하고 금지하는 것은 어떤 의미에서 아이의 성장을 방해하는 결과를 낳을지 모른다. 규칙을 지킨다는 절대 조건은 아이의 사회나 어른의 사회나 마찬가지이다.

아이들의 놀이는 아이들의 사회 그 자체이다. 이를테면, 요즘 유행하는 TV 게임이나 만화, 비디오 등을 금지시키면, 아이는 학교에서 친구들과의 화제에 뒤처져 따돌림을 당할 수도 있다. 부모가 생각하는 것 이상으로 아이가 받는 손해는 큰 것이다.

부모가 아이의 입장을 생각한다면, 어른의 가치 판단으로 놀이의 '좋고 나쁨'을 구별해 그것을 강요할 것이 아니라, 아이들 서로간의 관계성이나 아이 나름의 규범(사회성)을 인정하고, 아이의 판단을 존중해 주는 것도 필요하다.

꾸짖는 지혜

부모의 판단으로는 '고급 놀이'가 아니라도, 아이에게 있어서는 그것이 귀중한 학습의 장이다.

놀이에는 반드시 지켜야 할 규칙이 존재한다. 아무리 아끼는 구슬이라도 승부에서 지면 다른 친구의 손에 넘겨야 하며, 화가 나도 꾹 참아야 한다.

38 아이가 거짓말을 했을 때, 꾸짖기보다 '왜 그랬을까'를 생각해본다

어떤 남자아이가 부모가 소중히 여기는 책을 찢어버렸다. 화가 난 어머니가 "네가 찢었지?" 하고 묻자, 그 아이는 "몰라요" 하며 발뺌했다. 그래도 어머니가 엄하게 되묻자, 아이는 야단맞는 것이 두려워 "○○가 그랬어요" 하고 동생 탓으로 돌리며 책임을 회피하려고 했다. 어머니는 더욱더 엄하게 아이를 꾸짖었다.

아이의 거짓말의 대부분은 '자기방어를 위한 거짓말'이라고 한다. 미국의 유명한 아동심리학자 H.G. 기노트는 그의 저서에서 "아이의 거짓말은, 사실대로 말했을 때 야단맞은 경험이 있는 아이가 심리적으로 도피하는 피난처이다"라고 말하고 있다.

'거짓말은 도둑질의 시작'이라는 말도 있듯이, 일반적으로는 보편적인 도덕의 하나로서 '거짓말은 나쁘다'라고 말한다. 따라서, 대부분의 어머니는 아이가 어려서부터 거짓말을 하지 않도록 가르치며, 아이의 거짓말을 엄하게 꾸짖는다.

하지만 아이의 거짓말 가운데는 부모가 용서해도 좋은, '꾸짖을 필요가 없는 거짓말'도 있다. 거짓말의 본질을 간파하지 못하고 무턱대고 야단만 친다면, 아이는 정말 거짓말쟁이가 되어버릴지도 모른다.

앞의 예에서는 어머니가 "누가 책을 찢었지?" 하고, 아이가 자발적으로 잘못을 인정하도록 질문했다면 아이는 거짓말을 하지 않았을 것이다. 그리고 아이가 정직하게 사죄했을 때 아이의 태도를 칭찬해주면, 아이는 '거짓말을 하지 않아서 좋다'고 생각하고, 동시에 정직하게 사죄하는 것이 얼마나 중요한 일인지 깨닫게 된다. 뻔한 거짓말을 하는 아이를 끝까지 추궁할 것이 아니라, 거짓말을 할 필요가 없다는 것을 알게 하는 것이 중요하다.

아이는 때때로 숙제가 있어도 "오늘은 숙제가 없어요" 하며 거짓말을 하기도 하는데, 이것은 "숙제를 하고 나서 놀아라" 하는 말을 듣기 전의 자기방어임과 동시에, '숙제 따위 없으면 좋겠다'는 소망의 표현이기도 하다.

숙제가 있었다는 사실을 나중에 알게 되면, 부모는 "거짓말을 했구나" 하며 아이를 다그친다. 이런 경우, 혼내기보다는 "숙제를 먼저 끝내는 게 좋아" 하고 말해준다면, 아이는 죄의식을 느끼고, 거짓말을 한 것을 후회하게 된다. 또한 이 경험을 통해 아이는 '거짓말을 하는 것은 좋지 않다'고 스스로 판단하게 된다.

'거짓말'의 정의가 '상대에게 상처를 주고, 곤경에 빠뜨리게 하기 위한 행위'라면, 아이가 자기방어를 위해 하는 거짓말은 진정한 의미의 거짓말이라고 할 수 없다. 그러므로 엄하게 꾸짖으면 오히려 역효과가 나타날 수 있다. 거짓말의 이유를 생각하지 않고 '거짓말은 나빠' 하며 야단친다면, 아이는 또다시 거짓말을 위한 거짓말을 하게 되고, 평생 거짓말쟁이로 살아야 하는 결과를 초래할지도 모른다.

꾸짖는 지혜

아이의 거짓말 가운데는 부모가 용서해도 좋은, '꾸짖을 필요가 없는 거짓말'도 있다. 거짓말의 본질을 간파하지 못하고 무턱대고 야단만 친다면, 아이는 정말 거짓말쟁이가 되어버릴지도 모른다.

39 '칭찬 받고 싶어서 하는 거짓말'은 부모에게 잘못이 있다

요즘은 '아이는 꾸짖기보다 칭찬해야 한다'는 사고방식이 육아의 주류를 이루고 있다. 분명, 칭찬함으로써 아이의 행위에 동기를 부여하는 일은 아이의 자발성을 유도하는 데 매우 중요한 사항이다. 하지만 이것도 도를 넘으면 효과가 없다. 아동심리학자 기노트도 "아이는 과도한 칭찬을 받으면, 자신이 그 찬사에 어울리지 않다는 것이 들통날지도 모른다는 생각에 오히려 불안해한다"고 지적하고 있다. 이처럼 '지나친 칭찬'은 경우에 따라서는 아이에게 마이너스 작용을 하는 일도 적지 않다.

얼마 전, 이런 이야기를 들었다. 초등학교 학부형회의에서 어떤 어머니가 "우리 아이는 요즘 들어 학교에서 선생님께 칭찬받은 이야기를 자주 합니다. 그래서인지 자신감이 넘쳐 보여요. 감사합니다" 하고, 선생님에게 감사를 표했다. 이에 담임 선생이 "그 아이를 그렇게까지 칭찬해준 적은 없어요"라고 말하자, 그 어머니는 화가 나 부들부들 떨면서 "집에 가면 아이를 호되게 야단치겠습니다"라고 말하며 밖으로 나갔다고 한다.

이 아이는 '칭찬 받고 싶다'는 마음에 거짓말을 했을 것이다. 이런 경우, 거짓말을 한 진정한 의미를 자신도 잘 모르기 때문에, 본인을 심하게 혼내 거짓말이라는 사실을 밝힌다 해도 별 의미가 없다.

오히려 반성해야 하는 쪽은 부모이다. 어머니 자신이 꾸짖는 지혜를 터득할 필요가 있다. 그 어머니는 분명 아이가 하는 일마다 칭찬하며 키워왔겠지만, 기노트가 말한 대로 '지나치게 칭찬'만 해온 자신을 깨닫지 못하는 것이다.

"시험에서 만점을 받다니, 훌륭하구나" "달리기에서 우승했다구? 정말 대단해" 하며, 무슨 일을 하든 칭찬만 받으며 자란 아이는 칭찬 받으면 기쁜 반면, 칭찬 받는 것을 당연하게 여겨, 자신의 행위를 부모가 칭찬해주지 않으면 불만을 품게 된다. 그 결과, 아이는 '칭찬 받고 싶어' 거짓말을 하는 것이다. '칭찬'하는 것은 아이를 격려하기 위해서라는 본래의 의미를 망각한 부모는, 오히려 아이에게 부정적인 영향을 주고 있다는 것을 알아야 한다. 아이를 칭찬할 때에는 그것이 아이에게 격려가 되고, 용기를 심어주는 역할을 해야 한다.

사실 '칭찬하는' 것과 '용기를 주는' 것에는 다소 차이가 있다. "미술 대회에서 입선했구나, 잘했다" 하는 것이 칭찬이라면, "엄마도 미술 대회에서 입선한 네 그림이 매우 훌륭하다고 생각해" 하는 것은 용기를 주는 일이다.

칭찬한다는 행위는 부모가 높은 단계에서 아이의 평가를 일방적으로 결정해버리는 것이다. 수직관계로 아이에게 평가를 내린다는 의미로 보면 '칭찬'이나 '꾸짖음'이 마찬가지이다. '비난의 고수는 칭찬의 고수'라고 말하는 이유도 바로 여기에 있다.

꾸짖는 지혜

무슨 일을 하든 칭찬만 받으며 자란 아이는 칭찬 받으면 기쁜 반면, 칭찬 받는 것을 당연하게 여겨, 자신의 행위를 부모가 칭찬해주지 않으면 불만을 품게 된다. 그 결과, 아이는 '칭찬 받고 싶어서' 거짓말을 하는 것이다.

40 아이의 어떤 행동에도 '비난하지 말고, 흔들리지 말고, 관망한다'

"아이가 학교에 가기를 싫어해요" 하는 것은 많은 어머니들이 공통으로 가지고 있는 고민이다. 왕따 같은 심각한 이유를 제외하고 그것에 대해 지나치게 예민하게 반응하면 아이의 '등교거부증'은 갈수록 심해진다. 이때 어머니가 지나치게 아이와 실랑이를 벌이게 되면, 아이의 쉬고 싶은 기분을 자연스럽게 망치고 마는 것이다.

아이가 병에 걸린 것도 아닌데, 뻔한 거짓말을 둘러대 학교를 쉬고 싶어하는 목적의 대부분은, 어머니와 붙어 있고 싶다거나 응석부리고 싶은 경우이다.

이런 때 어머니는 "그것은 쉴 이유가 못돼"라고 꾸짖겠지만, 이유야 어찌되었든 아이 스스로 학교에 가고 싶은 마음이 생기지 않으면, 강제적으로 등교시켜보았자 아무런 의미가 없다. 그렇기 때문에, 이유 없는 등교거부일지라도 그것을 묵인하는 여유도 필요할 것이다.

월요일 아침만 되면 머리가 아프다거나, 배가 아프다고 호소하는 아이가 적지 않다. 그런 때, 어머니가 그것이 꾀병이라고 여겨지더라도 다그치지 말고, 아이가 '쉬고 싶다'고 말했을 때는 그것을 인정하도록 해야 한다. 단, "쉬어도 좋은데, 엄마는 오늘 약속이 있기 때문에 외출해야 해" 하는 식으로 말하는 것이다. 그렇게 하면, 아이는 다음날은 아무렇지 않게 등교할 것이다.

왜냐하면, 어머니가 옆에서 자신과 있어줄 것을 기대했는데 허탕치고 말았기 때문이다. 아이는 쉬어도 자신의 목적을 이루지 못했으므로, 다음날은 당연히 학교에 가게 되는 것이다.

아이가 학교에 가기를 꺼릴 때, 대부분의 어머니는 "왜?" 하고 물으며 아이를 혼내는데, 이것은 어머니의 관심을 끌려는 아이의 속셈에 멋지게 들어맞아 오히려 역효과가 나타난다. 아이의 심리를 간파하여 때로는 질책하고, 때로는 참고, 때로는 아이의 기대감을 이해하는 지혜를 터득하지 않으면, 아이의 속임수에 보기 좋게 넘어가고 말 것이다.

제3장

아이의 의욕을 길러주도록 꾸짖는 비결

41 다른 아이와의 '경쟁'에서 진 것은 꾸짖지 않는다

어릴 적부터 친구 사이인 A군과 B군은, 초등학교 5학년 때 같은 학원에 다니면서부터 알게 모르게 서로를 경쟁 상대로 생각하기 시작했다. 더군다나, 학원 시험 성적이 상대평가제이기 때문에, 두 사람의 성적의 우열이 일목요연하게 드러난 것이 원인이 되기도 했다.

B군보다 성적이 떨어지는 A군은 언제나 어머니에게 "B군을 따라잡을 수 있게 열심히 해라" 하는 격려를 받으면서 공부했지만, 생각만큼 성적이 오르지 않았다. A군은 점점 어머니에게 격려받는 것 자체가 짜증스러워졌다. 어느날, 시험 결과를 두고 A군은 어머니에게 "이런 성적으로는 B군에게 지고 말 거야" 하고 야단맞자, 공부에 대한 의욕을 잃고 학원을 그만두고 말았다.

이처럼 아이가 라이벌로 여기는 상대에게 졌을 때, '졌다'는 사실을 부각시켜 아이의 분발을 유도하는 것은 오히려 역효과를 나타낼 수 있다.

상대에게 졌더라도 아이가 나름대로 노력을 했다면, 그 점을 평가해 주는 것이 공부에 대한 의욕을 높이는 것이다. '졌다'는 것은 결과에 지나지 않는다.

어머니가 결과에 집착해 아이의 노력을 인정하지 않으면, 아이는 거기에 강한 불만을 품고 의욕을 잃게 된다. 경쟁 상대에게 졌을 때, 아이가 가장 듣고 싶어하는 말은 "열심히 했다는 것은 엄마가 잘 알고 있어. 노력했다는 것이 더 중요한 거야" 하는 어머니의 한 마디다.

라이벌이 있어서 좋은 점은 아이에게 '승패'의 평가를 내리기 위한 것이 아니라, 라이벌이 있음으로 해서 서로 자극하고 힘을 겨루어, 그것이 좋은 결과로 이어질 수 있기 때문이다. 그것을 어머니가 알고 있다면, 아이가 경쟁 상대에게 졌더라도 아이를 '패자'로 몰아붙일 것이 아니라, 열심히 노력했다는 사실이 '승자'와 다름없다고 격려해야 할 것이다.

라이벌에게 '졌다'는 결과만으로 상대와 비교해 아이를 야단친다면, 아이를 분발하게 만들기는커녕 아이의 의욕을 꺾는 결과를 낳을 뿐이다.

42 '넌 구제불능' '바보'는 아이의 의욕을 꺾는 금지어

현재, TV 사회자로 활약중인 하야시 마야 씨가 이런 말을 한 적이 있다.

초등학생 시절, 스스로 자신감을 갖지 못하고, 자신에 대해 '공부도 못하고, 사람들 앞에서 말도 잘 못하는 쓸모없는 아이'라고 평가를 내려, 등교를 거부하기도 했다고 한다.

어느날, 학교에 가는 도중 급식비를 깜박 잊었다는 것을 깨달은 그녀는 '건망증이 심한 별볼일 없는 아이'라고 생각하면서 집으로 다시 돌아갔다고 한다. 그때 "급식비를 가지러 돌아왔구나. 훌륭해" 하는 어머니의 말을 듣고, 그동안 자기 자신에 대해 부정적이었던 마음이 눈 녹듯이 사라졌다고 한다.

그런 지혜로운 어머니와는 반대로, 아이가 실수했을 때 "넌 도대체가 구제불능이야!" "정말 바보구나" 하며, '구제불능' '바보'라는 말로 아이를 꾸짖는 어머니야말로 '구제불능 엄마'이다. 어머니의 잣대로 아이를 판단하여 바보라고 몰아붙이는 행위는, 아이에 대한 매도라고 해도 과언이 아니다. 판단 기준이 애매한 이런 말은 아이를 반성하게 만들기는커녕, 오히려 아이의 의욕을 상실시키는 금지어라고 해야 마땅할 것이다.

어머니가 '안 돼' '바보'라고 하는 것은 대부분 무의식중에 내뱉는 말인데, 만일 여러분이 이런 말을 자주 사용하고 있다면, 다시 한번 아이를 꾸짖는 의미를 생각해볼 필요가 있다.

꾸짖는 행위는 아이를 위해, 무엇을 해서는 안 되는지 그 기준을 가르치는 일이기 때문에, '안 돼' '바보'라는 말로는 꾸짖는 의미가 없음을 깨달아야 한다. 꾸짖는 사람의 감정이 개입된 주관적인 이런 말은 '무엇을 잘못했는지' 하는 객관적으로 명확한 판단 기준이 나타나 있지 않기 때문에, 아이는 자신이 어떻게 잘못했다는 것인지도 알지 못한 채 일방적으로 야단맞게 된다. 그러므로, 아이는 반성할 기회를 잃고 마는 것이다.

'안 돼' '바보'라는 말을 계속 사용하면, 아이가 정말 바보가 된다는 연구 결과도 있다. 성격이 강한 아이라면 부모에게 반발할 것이고, 약한 아이라면 자신감을 잃고 더욱 소극적으로 되어갈 것이다.

마찬가지로, 아이의 의욕을 상실시키는 금지어로 '어차피…' '역시…' 하는 말이 있다. 이를테면, 아이가 계획을 중단했을 때, "역시 중간에 그만둘 줄 알았어" "어차피 그럴 거라고 생각했어" 하고 말하는 어머니가 있는데, 이것은 '역시 중간에 포기하는 아이'로 키우는 지름길이다. 자신에 대한 평가가 낮다고 느낀 아이는 열등감에 빠져 모든 일에 소극적으로 임하게 되기 때문이다.

아이가 '어차피 나는 바보니까' '역시 나는 안 돼' 하고, 자신을 비하하며 소극적인 태도를 정당화한다면, 그것은 아이가 열등감에 빠져 있다는 증거이다. 어머니가 무의식중에 던진 한 마디가 무한한 가능성을 지닌 아이에게 열등감을 심어주고, 의욕을 빼앗는 결과를 낳게 되는 것이다.

꾸짖는 지혜

아이가 실수했을 때 "넌 도대체가 구제불능이야!" "정말 바보구나" 하며, '구제불능' '바보'라는 말로 아이를 꾸짖는 어머니야말로 '구제불능 엄마'이다.

43 취약 과목을 꾸짖기보다, 우수 과목을 장려한다

여러분은 아이가 학교에서 받아온 성적표를 보면서 "국어는 90점인데, 수학은 60점이네" 하며, 취약 과목을 꾸짖지는 않는가.

대부분 취약 과목을 발견하면, 그것을 극복하기 위해 그 과목에만 매달리는 경향이 있는데, 이런 방법으로는 원하는 효과를 기대할 수 없다. 취약 과목만 강제적으로 공부시키면, 아이는 자신의 능력에 불안감을 갖게 되어 자신감을 잃고, 결국에는 취약 과목뿐 아니라, 우수 과목을 포함한 전 과목에 대해 의욕을 상실할 우려가 있다.

취약 과목의 성적을 올리려면, 먼저 우수 과목을 장려하여 아이에게 자신감을 심어주는 것이 중요하다. 우수 과목의 성적이 계속 오르면서 아이는 자신감이 생기고, 모든 과목에 대해 적극적으로 임하게 될 것이다. 당연히 취약 과목의 성적도 오를 것이다.

아이를 교육시키는 데 있어서 '장점을 살리는' 방법과 '단점을 교정하는' 방법이 있는데, 취약 과목을 극복하게 하려면 '장점을 살리는' 방법이 효과적이라는 사실이 심리학적으로도 인정받고 있다.

세계적인 소니 사의 창업자 고故 이부카 마사루 씨의 장남은, 공부하기를 너무 싫어해 초등학교에 입학해서도 반에서 꼴찌를 면하지 못했다고 한다. 하지만, 아버지인 이부카 씨는 그런 아들을 전혀 꾸짖지 않았다. 그러던 아이가 어느날, 갑자기 바이올린을 배우고 싶다고 말했을 때 "네가 정말 하고 싶다면 좋다" 하며, 성적과 상관없이 바이올린을 배울 수 있게 해주었다.

그러자 그 아이는 연습을 열심히 해서, 발표회에서 많은 사람들의 칭찬을 받을 만큼 능숙해졌다. 이 경험을 통해 자신감을 얻은 아이는 공부에도 관심을 갖고, 초등학교를 우수한 성적으로 졸업했다고 한다.

어떤 아이든 다른 사람보다 뛰어난 점을 가지고 있다. 공부뿐만 아니라, 피아노, 체조, 미술 등등. 아이의 우수한 면을 인정하고 칭찬하여, 자신감을 갖게 해주는 것이 아이의 의욕을 살리는 방법이다.

부모는 흔히 아이의 취약 분야에만 집착해, 그것을 교정하려고 꾸짖으며 엄격한 태도로 아이를 대하는 경향이 있는데, 그것은 아이의 의욕을 꺾는 결과를 낳을 뿐이다. 자신을 지켜보는 부모가 꾸짖지 않고 장점을 살려주며, 의욕을 심어주고 있다는 사실을 알게 되면, 아이는 자신도 모르는 사이에 취약 분야를 극복하게 되는 것이다.

44 '공통의 화제'가 부모의 말을 듣게 하는 계기가 된다

등교를 거부해온 학생이 학교에 가게 된 이야기다. 어느날, 학교에 오지 않는 아이를 가정 방문한 담임 선생님은, 그 아이가 TV 게임을 좋아한다는 것을 알고, 그것을 화제로 삼아 아이와의 대화에 실마리를 찾으려고 했다. 다행히, 그 선생님이 TV 게임광이었기 때문에, 두 사람의 대화에 꽃이 피었다.

처음에는 아래만 쳐다보며 우물쭈물하던 아이가, 어느새 얼굴을 들고 생기 있게 이야기를 하기 시작했다. 그 아이는 '공통의 화제'를 가진 선생님에게 친근감을 느끼고, 점차 마음을 열게 되었다. 그리고 결국, 학교에 등교하기에 이르렀다. 선생님이 TV 게임이라는 '공통의 화제'로 아이에게 접근한 것이, 아이를 학교에 등교시킨 계기가 된 것이다. 선생님과 아이 사이에 구축된 '좋은 관계'가 아이에게 자신감을 불어넣고, 용기와 의욕을 심어준 것이다.

이처럼 '좋은 관계'가 형성된 것과 그렇지 않은 것은 아이의 행동에 큰 차이로 나타난다. 아이는 싫어하는 선생님에게 주의를 받으면 반발심을 갖지만, 좋아하는 선생님에게 주의를 받으면 고분고분 귀를 기울이고 반성하게 된다.

여기에서 알 수 있는 것은, 꾸짖는 쪽과 꾸지람을 받는 쪽의 관계가 아이의 행동을 규정하는 큰 요인이 될 수 있다는 것이다.

"우리 애는 의욕이 없어서 큰일이에요" 하고 고민하는 어머니가 많은데, 무슨 말을 하든 아이가 귀를 기울이지 않는다면, 한 번 아이와의 관계를 되돌아볼 필요가 있다. 과연, 아이와 어머니 사이에 '좋은 관계'가 성립되어 있는가. 아이의 의욕을 살려주려고 하루종일 꾸짖기만 한다면, 아이는 어머니가 하는 말을 듣기는커녕 혐오감마저 갖게 될지 모른다.

때로는 아이와 눈높이를 맞추어, '공통의 화제'로 이야기를 풀어나가길 바란다. 그렇게 하면, 아이는 어머니에 대해 친근감을 가지고 마음을 열려고 할 것이다. 일단 '좋은 관계'가 형성되면, 아이는 어머니의 질책도 반항 없이 받아들일 것이다. 뿐만 아니라, 말하지 않아도 자발적으로 행동에 옮길지도 모른다.

꾸짖기만 하면, 아이는 고분고분 말을 들으려고 하지 않는다. 꾸짖는 효과를 높이기 위해서는 평소에 아이와의 커뮤니케이션을 잘 해두는 것이 중요하다.

45 성적이 떨어져도, 노력하지 않은 경우에만 꾸짖는다

아이가 시험에서 나쁜 점수를 받았을 때, 대부분의 어머니는 "점수가 이게 뭐야!" 하며 아이를 야단치는데, 그러기 전에 시험 성적이 노력한 결과인지, 노력하지 않은 결과인지 파악할 필요가 있다. 그에 따라 꾸짖는 방법을 달리해야만 야단치는 효과를 기대할 수 있다.

성적이 나쁜 것이 아이가 노력을 게을리한 결과라면, '노력'하지 않은 사실을 엄하게 꾸짖어 반성하게 하고, 공부에 임하는 태도를 고쳐줄 필요가 있다. 그렇게 하지 않으면, 아이는 언제까지고 공부에 대한 바른 자세를 몸에 익힐 수 없게 된다.

그런데 여기에서 주의해야 할 점은, 꾸짖을 때에는 지난번의 시험 성적이나 다른 사람의 성적과 비교해서 질책할 것이 아니라, 어디까지나 본인의 태만함만을 꾸짖어야 한다는 것이다. 아이는 다른 대상과 비교 당하면 반발심을 갖게 되고 의욕을 잃고 말 것이다.

이를테면, 점수가 낮더라도 아이가 시험 공부를 열심히 했을 때는 아이를 꾸짖지 말고 '노력'을 인정해주어야 한다. 시험 결과에 대해 가장 상처를 받는 것은 아이이며, 아이는 자신의 공부 방법이 잘못되었다는 것을 깨닫고 충분히 반성하고 있을 것이다. 이때, 엄하게 질책한다면 아이는 열등감을 느껴 공부에 대한 의욕을 잃고, 공부를 싫어하게 될지도 모른다. 이런 경우는 아이의 노력을 인정해주면서, 다음 시험에서 좋은 성적을 얻기 위해서는 어떻게 해야 좋을지 함께 생각하고, 다음 시험에서 분발할 수 있도록 용기를 북돋아주어야 한다.

반대로, 시험 성적이 좋으면 무조건 아이를 칭찬하게 마련인데, 이 경우도 나쁜 성적을 받았을 때와 마찬가지로, '노력했는지, 하지 않았는지'의 기준에 맞게 칭찬의 태도를 달리하는 것이 좋다.

아이가 노력한 결과라면, 당연히 그 노력을 칭찬해주어야 하지만, 노력하지 않고도 답을 잘 찍어 좋은 성적을 받았다면, 칭찬하지 말아야 한다. 후자의 경우에도 칭찬을 한다면, 아이에게 열심히 노력하는 습관을 길러주기 어렵기 때문이다.

이처럼 아이의 노력 여부에 기준을 두어 꾸짖는 방법을 달리하는 것이, 아이의 학습 태도에 큰 영향을 줄 수 있다. 어떠한 대응이 아이에게 의욕을 심어주는 것인가를 판단하는 것도 '꾸짖는 지혜' 가운데 하나이다. 만일 판단하기 어렵다면, 아이의 입장에 서서 생각해보면 좋을 것이다.

46 부모가 대답하기 힘든 질문은 함께 알아본다

어떤 어머니는, 매년 여름방학이 끝날 무렵에는 아이의 과제물 때문에 집안에 큰 소동이 벌어진다며 고민했다. 해마다 어머니는 "왜 그렇게 정신을 못 차리니!" 하며 야단치고 아이의 엉덩이를 때려주기도 했지만, 그래도 아이는 적극적으로 과제를 마치는 법이 없어, 결국 어머니가 대신해주다시피 한다고 말한다.

앞에서도 말했듯이, 받는 것에 익숙한 이른바 '지시 대기형' 아이들은, 방학 과제물처럼 무엇인가를 한 가지 만들어내는 일을 어려워한다. 먼저, 주제를 정하지 못한다. 주제를 정해도 그것이 결론에 이르기까지 어떠한 준비와 순서를 거쳐야 하는지 막막해 한다. 결론을 이끌어내려면, 사물에 대한 탐구심이 요구되기 때문에, 아이로서는 이중 삼중 고민거리만 늘어나 점점 의욕을 잃어가는 것이다.

그러므로 이 어머니처럼 야단치거나 도와주거나 한다면, 아이는 언제까지나 스스로 의욕을 갖고 과제물을 마치지 못할 것이다.

아이들은 호기심과 지식욕으로 똘똘 뭉쳐 있다. 본래부터 '새로운 것을 알고 싶다' '한 가지 사실을 끝까지 밝혀내고 싶다'는 본능을 가지고 있는 것이다. '왜?'로 시작하는 아이의 소박한 의문은 그 본능의 표출이라고 할 수 있다. 아이의 입에서 '왜?'라는 질문이 나오면, 그것이 어른이 보기에 곤란한 질문일지라도, "참 좋은 질문이구나" 하고 칭찬하며 진지하게 대답해주어야 한다. 그것이 아이의 의욕을 키우는 지름길이다.

그렇지만, 아이가 던지는 순진한 질문 가운데는 곧바로 대답해주기 어려운 것도 많아 난감해질 때가 종종 있다. 그때, 대답해주지 못하면 부모의 체면이 깎인다고 생각해서 "시끄러워" 하고 꾸짖으며 아이의 질문을 무시해버리거나, 애매한 답으로 그 상황을 모면하려는 부모도 있다.

하지만 이런 일이 반복되면, 아이는 부모에게 질문을 하는 횟수가 줄어들고, 그러는 사이 의문을 갖는 일조차 뜸해질 것이다. 아이가 즉시 대답해줄 수 없는 질문을 던진 경우, 의문을 가진 것에 대해 칭찬해주고, 그 질문이 다음 의문으로 발전하도록 유도하면서, 백과사전이나 인터넷 등을 이용해 답을 찾으면 되는 것이다.

부모가 열심히 답을 찾고 있는 모습을 보고, 아이는 모르는 답은 이렇게 찾으면 되는구나 하고 '답 찾는 방법'을 배울 수가 있다. 그러다 보면 어느 순간 아이는 의문이 생기면 스스로 백과사전을 뒤적이게 될 것이다. 이 정도면 아이에게 의욕을 심어주었다고 할 수 있지 않을까.

아이의 적극적인 의욕은 꾸짖는다고 생기는 것이 아니다. 아이가 의문을 가졌을 때, 이것이 의욕을 키워주는 기회라고 생각하고, 아이의 의문에 부모가 적극적인 태도를 보여야 할 것이다.

꾸짖는 지혜

아이의 입에서 '왜?'라는 질문이 나오면, 그것이 어른이 보기에 곤란한 질문일지라도, "참 좋은 질문이구나" 하고 칭찬하며 진지하게 대답해주어야 한다. 그것이 아이의 의욕을 키우는 지름길이다.

47 부모의 실수담을 들려주면 아이는 순순히 말을 듣는다

나는 강연을 나갈 때, 일부러 마이크 앞에서 재채기를 하거나 넘어지는 등 의식적으로 작은 실수를 저지르는 경우가 있다. 내 실수를 본 청중이 '역시 같은 인간이니까 부끄러워할 것도 없겠구나' 하는 생각을 갖고 나에게 친근감을 느껴, 더욱 흥미 깊게 내 이야기를 들어준다는 사실을 경험을 통해 잘 알고 있기 때문이다. 상대의 경청을 유도하려면, 친근하고 편안한 인상을 심어주어 '심리적 거리'를 좁히는 것이 중요하다.

마찬가지로 아이를 꾸짖을 때도 '심리적 거리'를 좁히고 이야기하면 아이의 경청을 유도할 수 있다.

자칫 잘못하면 부모는 아이를 가르친다는 명목으로 고압적인 태도를 취하기 쉽다. 뿐만 아니라, 부모의 권위를 지켜야 한다는 생각에서인지, 마치 자신은 완전한 인간인 듯한 자세로 아이를 설득하는 부모도 적지 않다. 하지만 위에서 아래를 내려다보는 듯한 수직적인 태도는 아이의 반발을 초래할 뿐이다.

예를 들어 아이가 학교 유리창을 깼을 때, 잔소리를 늘어놓으며 아이를 꾸짖기보다 "사실 엄마도 학교 유리창을 깬 적이 있었어. 그때…" 하며 자신의 실수담을 이야기해주면, 아이는 어머니에 대해 친근감을 느끼고, 어머니의 질책을 귀담아듣게 된다.

이와 마찬가지로, 자신에게 없는 아이의 장점을 칭찬하여 아이의 의욕을 불러일으킬 수도 있다. 이를테면, 아이가 학급임원 일을 귀찮아하는 기색이 보일 때, "그런 무책임한 말을 하면 못써!" 하고 꾸짖으며 책임을 다하도록 설득하기보다, "엄마는 너처럼 모두가 믿어줄 만한 아이가 아니었기 때문에, 학급임원 같은 것은 해본 적이 없어. 학급임원 일이 힘드니?" 하며 아이의 자존심을 살려주는 말을 하면, 아이는 저항하지 않고 어머니의 말을 받아들이게 된다.

인간은 완전한 사람 앞에서는 열등감을 느끼고 상대에 대해 심리적 거리감을 갖게 되지만, 불완전한 사람 앞에서는 친근감을 느껴 심리적 거리를 좁히게 된다. 아이와의 심리적 거리를 좁히면서, 아이가 순순히 질책을 받아들이게 하는 것도 부모의 '지혜'인 것이다.

48 공부하지 않는 아이에게는 공부의 '이익'을 보여준다

"우리 애는 공부를 싫어해서 큰일이에요" 하며 고민하는 어머니가 많다. 그래서 대개의 어머니들은 매일 "어서 공부해라" 하며 아이를 책상에 앉히려고 한다.

어떤 가정에서는 아무리 꾸짖어도 아이가 공부하려고 하지 않자, 결국에는 "제발 부탁이니 공부 좀 해라" 하고 애원까지 했다고 한다. 그러자 며칠 후 아이가 "공부할 테니, 돈 줘요" 하는 바람에 부모가 할말을 잃었다고 한다.

공부를 싫어하는 아이는 공부에 대한 흥미를 잃은 경우가 대부분이기 때문에, 꾸짖거나 애원해도 소용없다. 결국 '꾸짖지 않으면 공부하지 않는' 상황만 빚어낼 뿐, 매일 아이에게 "공부해라" "하면 좋다" 하는 말만 되풀이하게 된다.

공부를 싫어하는 아이 가운데는 사실 공부 자체가 싫은 것이 아니라, 공부를 잘 못하는 것에 대한 질책이나 비웃음 때문에 의욕을 상실한 경우도 있다. 좀더 냉정하게 말하자면, 부모가 공부를 싫어하게 만들었다고 해도 과언이 아니다. 이런 아이를 꾸짖으면, 공부에 대한 혐오감만 가질 뿐이다.

아이가 공부에 흥미를 느끼게 하려면, 아이를 꾸짖기보다 공부는 자기 자신을 위한 것이라는 '공부하는 의미'를 깨닫게 해주는 것이 중요하다. 그렇지만 학교 공부는 아무래도 내용이 추상적이기 때문에, 자신이 살아가기 위해 필요한 것이라고 실감하기 어려운 것도 사실이다. 아이에게 공부하는 의미를 가르치려면, 사회와 연관지을 수 있도록 하는 것이 가장 빠른 길이다.

이를테면, 실제로 지갑을 들고 쇼핑하는 경험을 하면, 계산이 필요성을 피부로 느끼게 된다. 여행 계획 등에 아이를 참여시키는 것도 좋은 방법이다. 계획을 세우기 위해서는 어느 정도 지리 지식을 갖추지 않으면, 거리와 시간을 파악할 수 없다는 것을 실감하게 된다.

이런 식으로 흥미를 유발시키며, 공부하는 의미 즉 '실제의 이익'을 보여주면, 틀림없이 아이는 공부에 적극적으로 임하게 될 것이다.

공부뿐만 아니라, 아이에게 자신이 하는 행동의 의미, 실리를 알게 하는 것은 매우 중요하다. 아이는 그 행동의 의미를 이해하고 납득함으로써 강한 동기를 느끼게 되고, 모든 일에 적극적인 자세를 취할 것이다. 이를테면, 방 청소를 하는 일, 형제가 사이좋게 지내는 일, 화초에 물을 주는 일, 매일 목욕하는 일 등 어떤 사소한 일에도 그 행동을 하는 의미가 있다는 사실을 깨닫는 것이다.

아이에게 의욕을 심어주기 위해서는, 꾸짖는 것보다 더 효과적인 방법이 있다는 것을 알고, 그것을 잘 활용하는 것도 '지혜'의 하나라고 할 수 있다.

꾸짖는 지혜

아이에게 자신이 하는 행동의 의미, 실리를 알게 하는 것은 매우 중요하다. 아이는 그 행동의 의미를 이해하고 납득함으로써 강한 동기를 느끼게 되고, 모든 일에 적극적인 자세를 취할 것이다.

49 아이의 장래의 꿈을 부모의 판단으로 평가하지 않는다

우주비행사 모리 마모루 씨는 어려서부터 별을 관찰하는 것을 매우 좋아했다고 한다. 당시 모리 씨의 보물은 망원경이었다. 육안으로는 볼 수 없는 울퉁불퉁한 별 표면을 볼 수 있다는 것이 신기해, 몇 시간 동안이나 지치지 않고 밤하늘을 쳐다보며 '저 별에 가고 싶다'는 꿈을 키워왔다고 한다.

모리 씨가 중학교 2학년이 된 1961년, 러시아의 우주비행사 가가린 소령이 인류 최초로 우주비행을 하는 모습이 TV에 방영되었다. TV를 뚫어지게 보던 모리 씨는 옆에 있는 형에게 "소령과 기념사진을 찍어줘!"라고 외쳤다고 한다. 그때까지 불가능하다고 믿었던 우주여행이 현실로 이루어졌기 때문에 매우 충격적인 일이었다.

그리고 세월이 흘러 1992년, 모리 씨가 44세 되던 해, 그 꿈을 이루어 일본인 제1호 우주비행사로서 우주를 향해 날아갔다. 어릴 적 꿈을 포기하지 않고 노력한 결과이다.

최근 무기력한 아이가 늘고 있다고 한다. 그래서인지, 아이의 소극적인 태도를 보면 "의욕을 좀 가져라!" 하고 꾸짖는 어머니가 적지 않은 것 같다. 하지만 꾸짖는다고 해서 아이가 의욕을 갖는 것은 아니다. 앞서 말했듯이, 아이가 의욕이 없는 것은 그 행동에 대한 동기 부여가 약하기 때문이다.

이를테면, 공부에 대해 의욕이 없는 아이에게는 자신의 장래의 꿈을 말하게 하고, 그것을 실현하기 위해서는 공부가 필요하다는 사실을 알려주는 것도 한 방법이다. 막연한 이미지가 아니라, 아이가 장래에 무엇이 되고 싶은지 되도록 구체적으로 생각해보게 하는 것이 강한 동기 부여가 된다고 할 수 있다.

아이가 장래의 꿈을 이야기할 때, 옆에서 "너는 의사가 되었으면 해" 하는 식으로 암시하는 어머니가 있는데, 이렇게 하면 꿈을 말하게 한 의미가 없어진다. 꿈은 아이 스스로의 발상으로 정해야만 의욕을 환기시킬 수 있는 것이다.

부모의 입장에서 볼 때 아이의 꿈이 실현하기 어려운 것일지라도, 그것을 인정해주는 것이 중요하다. 아이가 모리 씨처럼 우주비행사가 되는 것이 꿈이라고 말했다고 하자. 현실적으로 이루어지기 힘든 것이라 여겨지더라도, "그래. 하지만 열심히 공부해야만 이룰 수 있어"라고 용기를 심어주는 것이다. 용기가 생긴 아이는 그 꿈을 이루기 위해 적극적으로 공부에 임할 것이다.

이런 때, "그건 곤란해" 또는 "정말 이루어질 거라고 생각하니?" 하며, 아이의 꿈에 찬물을 끼얹는 듯한 말을 하면 아이는 의기소침해지고 말 것이다.

인간에게는 '자아 실현의 욕구'가 있다. 자신이 앞으로 되고 싶은 모습을 이루기 위해 노력하는 일은 고통스럽지 않다. 그 심리를 잘 이용하면, 무기력한 아이에게 의욕을 심어줄 수 있는 것이다.

50 집중력 없는 아이는 그에 적당한 공부 방법을 찾아준다

일반적으로, 집중력이 있는 것은 좋고, 산만한 것은 나쁘다고 생각하기 쉽다. 하지만 나는 그렇게 생각하지 않는다. 집중력이 없다는 것이 결코 마이너스 요소만 있는 것은 아니다. 그러므로 그런 아이를 '집중력이 없는 아이'라고 단정지어 말할 것이 아니라, '호기심 있는 아이'로 구분해 오히려 그 흥미의 대상을 넓혀주어야 한다.

실제로 집중력이 뛰어난 아이를 보면, 국어나 수학 등 자신이 좋아하는 과목은 성적이 우수하지만, 관심 없는 과목은 그와 정반대인 아이도 적지 않다. 한편, 한 가지에 집중하지 못하고 다른 것에 눈을 돌리는 아이는, 호기심이 왕성하여 여러 가지 것에 흥미를 보이고, 한 과목에 우수하지 않아도 전체적으로 균형을 이루어 평균적인 성적을 유지하는 경향이 있다.

'호기심 있는 아이'에게는 그 호기심을 살린 공부 방법을 가르쳐줌으로써, 의욕적으로 공부에 임하게 할 수 있다. 한 가지 공부를 지속적으로 하지 못한다면, 같은 과목을 1시간 이상 계속 시킬 것이 아니라, 수학 문제를 2문제 풀었으면 다음은 국어 문제를 1페이지, 그 다음은 계산 연습을 15분 하는 식으로 자주 바꿔주어 공부에 싫증나지 않도록 해주면 된다.

아이가 공부하는 것을 괴로워하지 않고, '공부도 나쁘지 않구나' 하는 생각을 가지면 되는 것이다. 그러는 동안 점차 아이는 스스로 공부에 임할 것이다. 어머니가 아이의 적성을 고려한 공부 방법을 찾아준다면, 아이는 꾸짖지 않아도 저절로 공부하게 되는 것이다.

꾸짖는 지혜

한 가지에 집중하지 못하고 다른 것에 눈을 돌리는 아이는, 호기심이 왕성하여 여러 가지 것에 흥미를 보이고, 한 과목에 우수하지 않아도 전체적으로 균형을 이루어 평균적인 성적을 유지하는 경향이 있다.

51 아이의 의욕을 높이려면 꾸짖은 다음의 행동이 중요하다

'경영의 신'이라 불린 고 마쓰시타 고노스케 씨는, 사람을 다루는 법, 질책하는 법이 절묘하기로 유명하다. 이것은 마쓰시타 씨 밑에서 오랫동안 일한 산요전기 부사장을 지낸 고토 세이치 씨가 말한 마쓰시타 씨에 관한 에피소드다.

어느날, 마쓰시타 씨는 고토 씨의 사소한 실수에 대해 불같이 화를 내며, 난로의 불쏘시개 막대로 바닥을 거세게 두드렸다. 고토 씨가 화가 나서 돌아가려고 하자, "어찌나 열심히 성을 냈는지, 불쏘시개 막대가 이렇게 구부러져 버렸네. 미안하지만, 똑바로 펴주겠나?" 하고 마쓰시타 씨가 말했다. 고토 씨는 하는 수 없이 망치로 펴서 다시 가지고 갔는데, 마쓰시타 씨는 "훌륭해, 아까보다 훨씬 튼튼해졌어. 자네 재주가 많군" 하며 싱글싱글 웃으며 말하는 것이었다.

고토 씨가 집에 돌아오자 마쓰시타 씨가 고토 부인에게 전화해, "오늘 조금 화가 나서 들어갈 테니까, 술 한잔 드리세요" 했다는 사실을 알았다. 질책을 받았을 때는 회사를 그만두려고 생각했었지만, 마쓰시타 씨의 세심한 배려를 느끼고, '이 사람을 위해서라면' 하고 일에 대한 의욕이 배로 증가했다고 한다.

이 이야기를 통해 우리가 배울 수 있는 것은, 아이를 꾸짖을 때는 그 행위가 '애정이 담긴 질책'이라는 것을 아이에게 이해시킬 필요가 있다는 것이다. 그러면 아이는 야단맞은 것을 비관하거나 반항심을 갖지 않고, 꾸지람들은 것이 자극이 되어 전보다 훨씬 적극적인 행동을 하게 된다.

이를테면 공부 때문에 호되게 야단친 뒤, 책상에서 공부하고 있는 아이에게 다가가 "너는 이해할 거라고 생각했기 때문에 야단친 거야" 하고 말하면, 아이는 어머니가 자신을 믿어준다는 사실에 만족하여, 능동적으로 공부에 임할 것이다. 꾸짖은 날 저녁식사 메뉴를 아이가 좋아하는 것으로 준비하는 것도 매우 현명한 방법이라 할 수 있다. 아이는 어머니의 태도나 언행에 민감하기 때문에, 충분히 어머니의 마음을 느낄 수 있다.

꾸지람 받은 일로 아이가 위축되거나 반항하거나 또는 부모와의 관계에 금이 간다면, 꾸짖은 의미가 없어진다. 엄하게 꾸짖었을 때야말로 그 뒤의 행동에 신경을 써서, 아이의 의욕을 북돋우는 것이 '지혜' 있는 어머니라 할 수 있다.

52 꾸짖은 뒤에는 본인이 깨닫지 못한 장점을 칭찬해준다

나는 초등학생 시절, 부모와 선생님이 두 손 들 정도로 장난이 심한 아이였다. 매일 혼나기만 해서, 사실 조금 열등감에 사로잡혀 있었다.

그런데 어느날, 선생님이 "네 장난은 독창적이야. 이 정도로 장난칠 수 있는 아이가 학교 공부라고 못하겠니?"라고 칭찬해주었다. 그러자 그때까지 열등감에 사로잡혀 있던 내가 자신만만한 아이로 변하기 시작했다. 그리고 그후, 특별히 공부에 전념하지도 않았는데, 학교 성적이 쑥쑥 올라간 것이다.

'장난이 독창적이다'라는 칭찬의 말 한마디로, 나는 그때까지 내가 가지지 못했던 능력을 부여받은 듯한 기분이 들어 매우 기뻐했다. '내 자신이 커진 기분'이라고 해야 할까. 그 일로 자신감을 얻은 나는 그때까지 무관심했던 공부에 다소나마 관심을 갖게 되었다. 지금 생각하면,

그 칭찬 한 마디가 성적 향상의 계기가 되었던 것 같다.

인간이라면 누구나 계속해서 꾸지람을 들으면 자신감을 잃고, 결국 열등감에 빠지게 된다. 일단 열등감에 사로잡히면, 적극적인 행동을 하기가 매우 어려워진다. 그렇지만, 조금만 방법을 달리하면 자신감이 생기고, 적극적인 행동을 할 수 있다는 것이다.

꾸짖은 뒤에는 꾸짖은 내용과는 별도로 아이를 칭찬하여, 잃었던 자신감을 다른 면에서 회복시켜주는 것이 중요하다. 이를테면, 계산이 늦는 아이를 "좀더 빨리 계산하라" 고 꾸짖으면, 아이는 자신의 능력이 떨어진다고 생각하여 자신감을 잃게 된다. 하지만, 꾸짖은 뒤에 "그렇지만, 네가 계산한 것은 아주 정확해" 하고 칭찬하면, 아이는 조금이라도 빨리 풀려고 계산 연습을 열심히 하게 될 것이다. 또한, 칭찬할 때 본인이 깨닫지 못하는 장점을 지적해주면, 아이는 더욱 강하게 자신감을 갖게 된다.

부모에게 꾸지람을 들은 내용에 대해 아이가 자신감을 잃는다는 것은 엄연한 사실이다. 그러므로 본인이 깨닫지 못한 장점을 칭찬해주어, 다른 부분에서 자신감을 갖게 해줄 필요가 있다는 것이다. 이 방법을 잘 이용하면, 꾸짖은 뒤에도 아이가 비관하지 않고, 적극적으로 행동할 수 있게 된다.

53 잘못의 내용을 '즉시 꾸짖을 것'과 '차근차근 타이를 것'으로 구분한다

꾸짖는 효과를 높이기 위해서는 타이밍도 중요하다. 아이가 잘못했을 때, 그 자리에서 고치게 하는 '정공법'이 있는데, 말 그대로 즉석에서 잘못을 지적하는 것이 반드시 좋다고 할 수만은 없다. 잘못의 내용에 따라서는 곧바로 지적하기보다, 시간을 두고 아이가 차근차근 생각해볼 기회를 주는 것이 더 나은 경우도 있다.

그럼, 아이의 잘못을 두 가지로 나누어 생각해보자. 하나는, 아이가 '이것은 야단맞겠구나' 하고 자각하고 반성할 만한 큰 잘못이고, 또 하나는, 아이가 부모에게 지적받아야 반성하는 작은 잘못이다.

아이가 범하는 큰 잘못은 아이가 성장하면서 큰 의미를 갖게 되는 경우가 적지 않기 때문에, 즉시 혼내야 한다고 생각하는 사람이 많다. 하지만 사실 시간을 두고 '차근차근 타이르는' 편이 아이가 더욱 깊이 반성할 수 있는 기회를 주는 것이다. 또한, 반성하고 있는 아이를 혼내는 것은 아이의 반항심만 불러일으킬 뿐이다.

자신이 왕따시키고 있던 아이가 학교에 오지 않았을 때, 대부분의 아이는 '친구를 따돌리면 안 된다'고 자신의 행동을 되돌아보며 반성한다. 하지만 유감스럽게 같은 잘못을 반복하는 아이가 적지 않다. 두 번 다시 친구를 따돌리는 행위를 반복하게 하지 않으려면, '따돌림당하는 아이의 고통'과 '따돌리는 행위의 잘못의 깊이'를 이해시켜야 한다. 이것에 대해 부모는 차근차근 시간을 두고 아이에게 가르칠 필요가 있다.

한편, 아이 자신이 깨닫지 못하는 작은 잘못은 "뭐, 괜찮아" 하고 넘어가는 부모가 많다. 하지만 사소한 실수라는 이유로 아이가 곧 잊어버리기 쉽기 때문에, 그러기 전에 '즉시 확인'을 통해 그 자리에서 아이의 잘못을 고쳐줄 필요가 있다. 작은 잘못을 묵인하면 큰 잘못으로 발전할 위험성이 있기 때문에, 즉시 꾸짖어 주의를 주는 것이 바람직하다.

어느 불량 서클에 들어간 아이의 어머니가 "귀가 시간이 늦어지는 것을 방치해두었더니…" 하는 말을 들은 적이 있다. 이 어머니는 아이가 귀가 시간을 지키지 않아 혼을 냈더니 반항적인 태도를 보여, 어쩔 수 없이 모르는 척 그냥 넘어갔다고 한다. 이런 때, 아이의 행위를 즉시 꾸짖었다면, 나쁜 친구들의 유혹에 빠져서는 안 된다는 사실을 빨리 깨닫지 않았을까.

꾸짖는 방법이 잘못되면 아이의 반발을 사거나 때를 놓치기 십상이다. 이것을 충분히 이해하여, '즉시 확인할 것'과 '차근차근 타이를 것'을 잘 구분하는 것이 현명한 방법이라 할 수 있다.

꾸짖는 지혜

사소한 실수라도 '즉시 확인'을 통해 그 자리에서 아이의 잘못을 고쳐줄 필요가 있다. 작은 잘못을 묵인하면 큰 잘못으로 발전할 위험성이 있기 때문에, 즉시 꾸짖어 주의를 주는 것이 바람직하다.

54 '소극적'인 아이에게는 '실패의 교훈'을 가르쳐준다

아이의 소극적인 성격은 좀처럼 고쳐지지 않기 때문에, 이로 인해 고민하는 어머니가 많다. 아이가 적극적으로 행동하지 않는 것을 내심 불만스럽게 생각하고 있는 어머니는, 열심히 아이를 격려하며 새로운 일에 흥미를 갖도록 유도한다. 그럼에도 불구하고 따라주지 않는 아이를 보고 결국에는 "어째서 해보려고 하지 않니?" 하며 꾸짖고 만다.

결론부터 말하자면, 아무리 격려하고 꾸짖어도 아이의 소극적인 성격은 쉽게 고쳐지지 않는다는 것이다. 아이가 소극적인 행동을 하게 된 원인을 제거하지 않으면, 결코 아이의 기분을 자극할 수 없다.

'소극적인 아이'를 '의욕이 없는 아이'로 오해하는 사람이 많은데 결코 그렇지 않다. 그저 실패를 두려워하는 것뿐이다. '하고 싶은' 마음이 있어도, '이것을 하면 혼나지 않을까' '이렇게 하면 실패하지 않을까' 하는 두려움이 앞서, 결국 행동으로 옮기지 못하는 것이다. 그러므로 소극적인 성격을 고치기 위해서는 '실패는 좋은 것이다'라고 가르치는 일부터 시작해야 한다.

인간은 누구나 실패를 거듭하며 살아가고 있다. '실패는 성공의 어머니'라는 말도 있듯이, 인간은 실패를 통해 배우고 생각하며 창조할 수 있는 것이다. 실패에는 '실패의 교훈'이 존재한다.

혼다의 창업자인 고 혼다 쇼이치로 씨는, "다른 사람의 가르침을 통해 배운 것과 자신의 고생을 통해 배운 것은, 나중의 이용가치, 응용의 폭이라는 면에서 큰 차이를 나타낸다"고 말한 바 있다. 실패는 해서는 안 되는 것이 아니라, 자주 할수록 좋은 것이다.

그런데, 유감스럽게도 아이에게 '실패는 하면 안 된다'고 가르치는 부모가 많은 것 같다. 아이는 부모가 상상하지 못한 돌발적인 말이나 행동을 하는 경우가 있는데, 이때 아이의 언행에 대해 "그것은 잘못이다"라고 부정하거나, 혹은 "실패할 수 있으니까 안 돼" 하며 아이를 제지한 적은 없는가. 아이는 부모의 이런 행동을 통해 '실패는 하면 안 된다'는 고정관념을 갖게 되는 것이다.

아이의 소극적인 성격을 바꿔주고 싶다면 먼저 '실패의 가치'를 가르쳐야 한다. 어머니 자신의 실패담을 예로 들어, 그것을 통해 얻은 교훈을 이야기해주는 것도 좋은 방법이다. 그렇게 함으로써, 아이는 점점 실패를 두려워하지 않게 될 것이다.

꾸짖는 지혜

소극적인 성격을 고치기 위해서는 '실패는 좋은 것이다'라고 가르치는 일부터 시작해야 한다.

55 꾸짖고 나서 칭찬하기보다 칭찬하고 나서 꾸짖는다

아이의 시험 결과를 보고, 한 마디 주의를 줄 필요가 있다고 여겼다고 하자. 이런 때, 꾸짖은 후에 "조금 더 노력하면 좋은 결과가 나올 거야" 하고 격려하기보다, 시험 결과를 보고 "열심히 했구나" 하며 칭찬하고 나서 꾸짖고, 꾸짖은 후에 "조금 더 노력하면 좋은 결과가 나올 거야"라고 격려하면, 아이는 고분고분 질책을 받아들이고 의욕이 생길 것이다.

하지만 실제로는 아이가 잘못했을 때, 먼저 아이의 잘못을 꾸짖는 부모가 많은 것 같다. 그 자리에서 직접적으로 꾸짖는 것이 나쁜 것만은 아니지만, 경우에 따라서는 아이의 행동을 고치기 전에 아이의 반발이나 반감을 일으켜, 반성은커녕 아이의 의욕만 꺾는 결과를 낳을 수도 있다.

아이의 반항심을 일으키지 않고 반성을 유도하며, 또한 의욕을 살리려면, 잘못한 것을 직접적으로 지적하기 전에, 한 마디 칭찬의 말을 던져보는 것도 매우 효과 있는 방법이다.

이것은 심리학적으로도 뛰어난 설득법의 하나로 다뤄지고 있다. '감화→정보→감화'라 불리우는 이 방법은, 설득하기 위한 '정보'를 상대에게 전달할 때에는 직접적으로 그 정보를 쏟아내기보다, 그 설득 전후에 상대의 마음을 깊이 고려한 '감화'의 수단으로 그럴싸하게 포장하면, 상대는 저항 없이 그 설득을 받아들인다는 것이다.

같은 내용이라도 꾸짖기 전에 '칭찬의 말'이 들어간다면, 질책을 받는 사람의 기분은 상당히 달라질 수 있다. 또한, 그후의 의욕에도 큰 영향을 미친다는 사실은 두말할 것도 없다.

꾸짖는 지혜

아이의 반항심을 일으키지 않고 반성을 유도하며, 또한 의욕을 살리려면, 잘못한 것을 직접적으로 지적하기 전에, 한 마디 칭찬의 말을 던져보는 것도 매우 효과 있는 방법이다.

56 과거의 잘못을 들먹이면 아이의 적극성은 사라진다

앞서 말한 고 혼다 쇼이치로 씨가 남긴 어록 가운데 다음과 같은 구절이 있다.

"내가 젊어서 한때 불량한 짓을 한 것에 대해 지금 비난거리로 삼는 사람이 있다. 어렸을 때 이불에 소변을 본 일을 두고, 그 아이가 어른이 되어서까지 들먹이는 것과 마찬가지로, 그 인간의 저열함, 편협함을 의심할 수밖에 없다…."

즉, 언제까지고 과거의 잘못을 문제삼는 상대에 대해서는 분노와 불신을 갖게 되는 것이다.

아이를 꾸짖을 때도 과거의 잘못을 들먹이며 이야기하는 것은 불에 기름을 붓는 격으로, 아이는 틀림없이 반항적인 태도를 취할 것이다. 꾸지람 듣는 것 자체가 유쾌한 일이 아닌데, 충분히 반성하고 고친 과거의 일을 거론한다면, 아이가 반항하는 것은 당연하다.

다시 말하지만, 아이를 꾸짖을 때 과거의 예를 문제삼아서는 안 된다. 분명, 부모는 아이를 비난하려고 한 것이 아니라, 화가 치밀어 지나간 일을 들먹였을 테지만, 그것은 의외로 아이에게 깊은 상처를 남기는 일이다.

아이뿐만 아니라 어른도 마찬가지로, 잘못하여 질책을 받은 일은 괴로운 경험으로 두고두고 마음에 남는다. 일단 사죄하고 용서를 받은 일은 한시라도 빨리 잊고 싶고, 질책한 상대도 물에 흘려보내듯이 기억에서 지워버리고 싶은 것이 사람 마음이다. 그리고, 시간이 경과하면서 어느 샌가 그 사실을 잊고 아무일도 없었던 듯 생활하는 이른바 '열기가 식은' 상태가 되는 것이다.

그런데 어떤 일이 화근이 되어 다시 과거의 잘못을 들먹인다면, 아이는 신뢰하고 있던 부모에게 배신감을 느끼게 된다. 꾸지람을 받고 나서 아이는 허무한 생각마저 들 것이다. 결국, '어차피 반성해봤자, 언제나 이런 식일 텐데' 하며 자학하게 되고, 반성은커녕 무기력에 빠지는 아이도 더러 있다.

부모와 아이 사이에 강한 신뢰관계가 형성되어 있으면, 아무리 엄하게 꾸짖어도 아이는 반항하지 않고, 자신의 행동을 고치려고 적극적으로 노력한다. 부모의 배려 없는 언행으로 아이의 의욕이 꺾이지 않도록 꾸짖는 지혜를 잘 습득해야 할 것이다.

57 '하고 싶다'고 말할 때까지 '배우는 일'을 강요하지 않는다

어떤 어머니는 아이가 유치원에 들어가기 전부터 피아노 학원을 다니게 했다. 그런데 아이는 별로 흥미를 보이지 않았고, 언제나 어머니한테 혼나면서 연습하러 갔다고 한다.

결국, 아이는 피아노에 대해 혐오감을 갖게 되었고, 항상 강제적으로 학원에 다니게 했던 어머니에게도 반항적인 태도를 보였다. 아이와의 관계에 불안감을 느낀 어머니는 피아노 교습을 중단시켰다.

그런데 아이가 초등학교 1학년이 되어, 친구의 피아노 발표회에 다녀왔을 때의 일이다. 아이는 "나도 피아노를 치고 싶어"라고 말했다. 그래서 다시 피아노 학원에 다니게 되었는데, 아이는 피아노 연습에 열정을 보이며, 나날이 실력이 향상되었다고 한다.

아이는 무한한 가능성을 지닌 존재이다. 그 아이의 재능을 파악하고 키워주는 것은 부모로서 아이를 키우는 재미이기도 하다. 그런데, 최근 들어 아이를 위한다는 명분으로 조기 교육에 열을 올리며, 아이를 강제적으로 이 학원 저 학원에 보내는 가정이 많다. 하지만 아이는 스스로 무엇인가를 배우고 싶다는 생각을 미처 하기도 전에 '배운다'는 일에 싫증이 나서 의욕을 잃는 경우가 허다하다.

아이는 성장하면서 그에 맞게 여러 가지로 흥미의 대상을 넓혀가기 때문에, 부모가 서두르지 않아도 스스로 "○○을 배우고 싶어요"라고 말하게 마련이다. 그때를 놓치지 말고 아이가 원하는 것을 하게 해주면 되는 것이다. 그러면 아이는 스펀지가 물을 빨아들이듯 척척 새로운 것을 흡수해갈 것이다.

이 점에 대해 어느 작가는 정곡을 찌르는 지적을 한 바 있다.

"아이의 가능성을 이끌어내는 것이 부모의 역할이다. 그것은 궤도를 만들어주는 것이 아니라 환경을 만들어주는 것이다."

인간은 무슨 일은 하든 어떤 종류의 '결핍' 또는 '굶주림'을 느껴야, 사물에 대한 흥미를 갖고 적극적으로 임하게 된다. 아이의 적극성을 키워주고 싶다면, 배우는 일을 강요하지 않는 것이 바람직하다.

58 '가정교육'이라는 명목으로 아이의 체험의 장을 빼앗지 않는다

아이에게 심부름을 시킨 것까지는 좋았는데, 아이가 빨리 돌아오지 않으면, 교통사고가 난 것은 아닌지, 유괴라도 당하지 않았는지 걱정되어 부모는 안절부절못하게 된다. 그런 부모의 걱정은 아랑곳하지 않고, 아이가 흙투성이가 되어 돌아왔다. 여러분이라면 어떻게 하겠는가?

분명, 아이의 얼굴을 보고 안도의 한숨을 내쉬겠지만, 이내 화가 치밀어 "어디 갔었니!" 하고 야단칠 것이다. 그때 아이가 "공원 풀밭에서 납작하고 둥근 벌레를 발견해서 잠깐 보고 왔어요"라고 말하면, 어머니는 기가 막혀 "딴전 피우지 말라고 했잖아. 엄마가 얼마나 걱정한 줄 알아?" 하며 다시 혼을 낼 것이다.

일반적으로 어머니는 아이가 딴전을 피우지 못하게 한다. 그 때문에, 두 번 다시 아이에게 심부름을 시키지 말아야겠다고 결심하는 어머니도 있을지 모르겠다.

하지만 아이는 어머니에게 걱정을 끼치려고 딴전을 피운 것이 아니다. 이런 때에는 조금 마음을 넓게 가져 써서 "다음에는 딴전 피우지 말아라" 하고 말할 정도의 관용을 베푸는 것도 괜찮다.

아이는 호기심이 왕성하기 때문에, 길을 걸을 때에도 이것 저것에 흥미와 관심을 보이며 쉽게 몰두하게 된다. 달리 생각하면 딴전 피우는 것은 왕성한 호기심과 강한 집중력, 사물에 대한 적극성의 표현이라고도 할 수 있다. 그러므로 이것을 엄하게 꾸짖어 규제하면, 아이의 귀중한 체험의 장을 빼앗게 되는 것이다.

아이의 행동에는 부모의 시각에서 보면 "어떻게 그런 생각을 할까?" "거기에 무슨 의미가 있을까?" 하고 의아해 할 만큼 엉뚱한 경우가 많다. 부모가 볼 때는 무의미하다고 여겨지는 행동일지라도 아이가 스스로 판단하여 하는 일이라면, 위험이 따르지 않는 한 참견하지 말고 못 본 척 체험하게 하는 것이 아이의 발달에 좋은 영향을 주는 것이다.

부모는 '가정교육'이라는 명목하에 아이의 행동에 대해 규제를 가하는 경우가 적지 않다. 하지만 아이의 행동을 부모의 상식선 안에 가두려 하면, 아이는 그 무엇에도 흥미를 보이지 않는 무관심한 아이가 되거나, 무슨 일을 해보려는 의욕을 상실한 무기력한 아이가 되어버릴 수가 있다.

59 '당연한' 일이라도 칭찬해준다

아이의 방에 들어가 너무나 지저분한 모습을 본 어머니가 "정리 좀 해라" 하고 꾸짖으며 청소를 시킨다. 아이는 어머니가 무서워 필사적으로 책상과 책꽂이를 정리하고 치울 것이다. 그런데 잠시 후 방에 다시 들어가 보면, 원래대로 방안에 옷가지들과 책들로 어질러져 있는 모습을 보게 된다.

방을 정리하는 것은 당연한 일이라 생각하기 때문에, 아이가 방을 깨끗하게 청소해놓아도 그것을 칭찬하는 어머니는 드물다. 하지만 부모가 볼 때는 당연한 일이라도, 아이가 열심히 했다면 칭찬해주도록 한다. 이것이 아이의 의욕을 살리는 계기가 될 것이다. 아이가 깨끗이 청소한 방에 들어가서 "어머, 깨끗하구나. 기분 좋지?" 하며 한 마디 해주는 것으로 충분하다.

아이는 나름대로 열심히 했기 때문에, 그것을 인정받으면 매우 기뻐

한다. 또한 '앞으로는 항상 깨끗하게 치우자' '혼나지 않도록 하자' 하며, 자발적인 생각을 할 것이 틀림없다.

부모가 볼 때는 당연한 일이라도, 생각을 달리하면 칭찬의 대상이 되는 일은 많다. 이를테면, 아침에 일어나 학교에 가기까지의 시간을 생각해보자. 아침에 제 시간에 일어나면 "시간 맞춰 일어났구나, 잘했다" 하고 말하고, 늦지 않게 집을 나서면 "오늘은 여유 있네"라는 말 한 마디면 충분하다. 그 말을 들은 아이는 기분이 좋아져, 무슨 일에든 적극적으로 임하게 될 것이다.

'꾸짖다'와 '칭찬하다'는 전혀 상반된 말이라고 할 수 있다. 이제까지 꾸짖으며 가르쳐 왔다면, 생각을 달리해 칭찬하고 기쁘게 해주면 아이의 의욕을 살릴 수도 있다.

꾸짖는 지혜

부모가 볼 때는 당연한 일이라도, 아이가 열심히 했다면 칭찬해주도록 한다. 아이가 깨끗이 청소한 방에 들어가서 "어머, 깨끗하구나. 기분 좋지?" 하며 한 마디 해주는 것으로 충분하다.

60 애정 없는 질책은 의욕을 꺾는 '독약'이 된다

며칠 전 우연히 아동학대 다큐멘터리를 보았다. 화면에는 어릴 적부터 어머니에게 정신적으로 학대 받아온 초등학생 여자아이가 비춰졌다. 어머니의 학대 때문에 말하는 것조차 싫어졌는지, 카운슬러 여성이 말을 걸어도 아무 대답 없이 고개만 숙이고 있었다. 신체적 학대는 물론이고, 정신적 학대 또한 아이의 가슴에 깊은 상처를 남긴다.

극단적인 예를 들긴 했지만, 이처럼 애정 없는 질책은 아이에게 견디기 어려운 정신적 고통을 강요하는 것이다. 아이의 생기를 앗아가고, 아이를 무감정하고 무기력한 인간으로 만드는 '독약'과도 같은 것이라고 말하고 싶다.

'원초적 불안'이라는 말이 있다. 이것은 아이가 태어나면서 갖게 되는 '어머니 없이는 살 수 없는' 잠재적인 불안을 뜻한다. 아이가 어머니의 사소한 행동이나 말에 민감한 것은 자신의 의지처인 어머니에게 사랑받고 싶다는 본능이다. 별 생각 없이 던진 부모의 말 한 마디에 아이가 깊은 상처를 받을 수 있다는 사실을 잊어서는 안 된다.

예를 들어, 아이가 지나치게 말을 듣지 않을 때 "너 같은 애는 우리 애가 아니다" "엄마 말을 듣지 않으려면 나가라" 하는 식으로 말하며 아이를 반성시키려는 경우가 있는데, 이런 방법은 아이를 불안에 빠지게 할 뿐, 꾸짖는 효과는 기대할 수 없다.

꾸짖는다는 행위는 아이를 바르게 이끌려는 부모의 애정의 표시다. 그러므로 이성적으로 행동하는 것이 중요하다. 하지만 어머니도 인간이기 때문에, 가끔 냉정을 잃고 감정적인 대응을 할 수도 있을 것이다.

나는 어머니들에게 꾸짖을 때는 반드시 "아이와 눈을 맞추고 꾸짖어라"고 말한다. 어머니가 간혹 냉정을 잃더라도, 아이의 젖은 눈을 보면서 자신의 질책을 객관적으로 볼 수 있기 때문이다. 어머니 가운데는 냉정함도 꾸짖는 의미도 잊은 채, 잘못한 행위만을 꾸짖는 것이 아니라 아이의 존재나 인격 자체를 무시하는 듯이 말하는 경우도 있다. 거기에 부모로서 아이에 대한 애정이 있다고 할 수 있을까.

'죄는 미워하되 사람은 미워하지 말라'는 말이 있다. 이 말을 빌어 애정 있는 질책에 대한 정의를 내리자면, '잘못은 미워하되 아이는 미워하지 말라'라고 할 수 있을 것이다. 꾸짖는 사람이 그 꾸짖는 대상을 명확히 하지 않으면, 아이에게 상처만 주게 되고, 그것은 아이에게 '독약'이나 다름없는 것이다.

제4장

실행력을 길러주도록 꾸짖는 비결

61 아이의 사정을 먼저 물으면, 아이는 기꺼이 집안 일을 도울 것이다

"아이에게 아무리 집안 일을 시켜도 도대체 말을 안 들어요" 하고 고민하는 어머니가 많다. 빨래를 널라거나 심부름을 시키거나 하면 "어? 싫어!" "지금 게임하고 있단 말이야" 하며 노골적으로 싫다고 말하는 경우도 있고, 개중에는 공부에 약한 어머니의 심리를 이용해 "이제부터 공부할 건데…" 하며 꽁무니를 빼기도 한다. 혹은 싫다고 말하지는 않아도 "잠깐 기다려" 하고 말할 뿐, 꼼짝도 하지 않는 경우도 있다.

아무리 말해도 집안 일을 거들 생각이 없기 때문에, 결국에는 "엄마 일을 돕는 건 당연한 일이야" 또는 "어서 해!" 하며 꾸짖고 만다. 그리고 이런 일이 거듭되면, 어머니는 "어째서 집안 일을 전혀 돕지 않니?" 하며 아이에게 화를 내거나, "행동이 느리잖아" 하고, 마치 아이의 능력이 떨어지는 것처럼 말한다. 과연 그럴까.

우선, 어머니는 왜 아이에게 집안 일을 시키려는 것일까. 현실적으로 자신의 일이 바빠서 누군가의 손을 빌리고자 하는 경우도 있을 것이다. 즉, 이 경우는 어머니의 사정 때문에, 아이에게 시키든 다른 누구에게 시키든 상대를 움직이게 만든다.

하지만 현명한 어머니라면 아이에게 집안 일을 시킬 때, 교육적인 배려도 잊지 않을 것이다. 집안 일을 돕는 것은 가족 협동의 중요함을 깨우치고, 생활력을 기르기 위한 매우 귀중한 기회이다. 그러므로 아이에게 집안 일을 시키는 것은 부모를 도울 뿐 아니라, 아이 자신을 위해 좋은 일이다.

그런데 최근에는 옛날에 비해 어머니의 가사 부담이 가벼워진 탓도 있고, 아이들도 학교와 학원 때문에 바빠서, 점점 아이가 집안 일을 도울 기회가 줄어들고 있다. 그러므로 부모가 아이에게 집안 일을 시켜도 하지 못하는 이유가 거기에 있기도 하다. 이렇게 집안 일을 거들 수 없는 다른 여러 가지 일이 있듯이, 아이에게도 나름대로 사정이 있는 것이다.

그렇다면 입장을 바꿔 생각해보자. 여러분은 아이의 요구에 즉시 응해주고 있는가? 예를 들어, 전화 통화중에 아이가 "배고파" 하고 말하면 "잠깐 기다려" 해놓고 아이를 마냥 기다리게 하지는 않는가. 이때 아이가 어머니의 사정을 이해해줄 만한 나이라면, 어머니의 통화가 끝날 때까지 기다려주겠지만 말이다.

마찬가지로, 아이의 사정을 충분히 이해할 수 있는 연령인 어머니가 아이의 입장을 고려하여 집안 일을 부탁해보자. "얘, 지금 바쁘니? 괜찮으면 심부름 좀 다녀오지 않을래?" "급한 일이 아닌 것 같은데, 어때? 잠깐 중단하고 이것 좀 도와주겠니?" 하고 먼저 상대의 입장을 배려해준다면, 아이는 의외로 순순히 "네" 하고 대답하며 움직일 것이다. 아이가 TV나 만화를 보고 있거나 숙제를 하고 있을 때, 언제쯤 끝날지 그 타이밍을 잘 맞추는 것도 중요하다.

어머니가 집안 일을 부탁할 때의 말투도 "…해라" 하는 명령형보다, "…해주지 않을래?" "…부탁해" 하는 '부탁'의 형태를 취하면 아이가 쉽게 받아들이게 된다. 아이는 어머니의 태도에 민감하다. 어머니가 곤란한 상황이라는 것을 알면 도와주어야겠다는 생각을 갖기 때문에, 그 심리를 잘 이용하면 된다. 어머니의 작은 '지혜'가 아이를 움직이게 할 것이다.

꾸짖는 지혜

어머니가 아이의 입장을 고려하여 집안 일을 부탁해보자. "얘, 지금 바쁘니? 괜찮으면 심부름 좀 다녀오지 않을래?" 하고 먼저 상대의 입장을 배려해준다면, 아이는 의외로 순순히 "네" 하고 대답하며 움직일 것이다.

62 "빨리 해!"라고 꾸짖지 말고, 평소 생활 템포를 빨리 한다

중학교 입학을 앞둔 초등학교 6학년 아이를 둔 어머니가 "매일 아침, 아이를 깨우는 일이 힘들어요" 하고 고민하고 있었다. 이야기를 들어보니, 매일 밤 아이가 잠자리에 드는 시간이 늦어지고 있다고 한다. 어머니는 빨리 자게 해주고 싶지만, 진학을 앞둔 아이에게 공부를 시키지 않으면 안 된다.

조금이라도 일찍 재우려고 "어서 문제를 풀어라" 하며 꾸짖기도 하고 재촉하기도 하지만 생각대로 되지 않는다. 그렇다면, 꾸짖지 않고 아이의 행동을 조금 빠르게 할 방법은 없을까.

이 아이처럼 진학을 앞둔 경우뿐 아니라, 요즘 아이들은 매우 바쁜 나날을 보내고 있다. 학교에서 돌아오면 학원에 가고, 학원에 가지 않는 날은 친구들과 놀러갈 약속을 해놓는다.

당연히, 이런 아이는 집에 있는 시간이 짧기 때문에, 한정된 시간을 효과적으로 사용할 수 있는 행동력이 요구된다. 집에 돌아와 잠자리에 들기까지의 짧은 시간에 저녁식사, 목욕, 숙제, 피아노나 바이올린 연습 등등, 해야 할 일이 너무 많기 때문에, 빨리 빨리 움직여 시간의 낭비를 없애지 않으면 잠잘 시간이 줄어들 수밖에 없다.

주위에는 신기할 정도로 시간을 효과적으로 사용하는 사람이 있다. 일이 바쁜데도 어느 샌가 영어를 마스터하고, 여러 가지 자격증이나 면허를 취득해놓는 사람들이 그렇다. 그런 사람들의 공통점은 '머리 회전'이 빠르다는 것이다.

행동을 빨리 하기 위해서는 '머리 회전'이 빠를수록 좋다. 그렇다고 아이에게 "머리를 빨리 빨리 회전시켜라" 하고 말해봤자 소용없다. 아이에게는 '몸'으로 기억하게 해야 한다.

어영부영 시간을 보내지 말고, 생활 자체에 빠른 템포를 유지할 수 있도록 '이것이 끝나면 저것을 한다'는 식으로 일련의 흐름을 매일 실행시키는 것이다. 처음에는 아이가 조금 벅차게 느낄지 모르지만, 어른과 달리 아이는 순응력이 있기 때문에, 매일 규칙적으로 실행하면 그렇게 힘들어하지 않을 것이다.

이를테면 학교에서 귀가→피아노나 바이올린 연습→학원, 친구와 놀이→학교 숙제→저녁식사→목욕→TV 시청→시험공부 하는 식으로, 해야 할 일의 순서를 정해놓는 것이다.

패턴을 한번 기억해두면 낭비하는 시간이 조금씩 줄어든다. 그리고 그것을 몸에 익히면 의식적으로 템포를 빨리 할 것이다. 이전과는 눈에 띄게 다를 정도로 아이는 민첩하게 행동하게 된다.

하루 24시간을 얼마나 유용하게 쓰는가 하는 것은 어른이라면 생각할 수 있지만, 아이는 아직 그런 관념이 확실하게 정립되어 있지 않다. 그렇다고 매일 꾸짖으며 행동을 재촉해봤자, 부모나 아이나 모두 고통스러울 뿐이다. 꾸짖어서 행동을 유발하기보다, 아이가 자발적으로 행동하도록 이끄는 것이 어머니의 지혜일 것이다.

꾸짖는 지혜

행동을 빨리 하기 위해서는 '머리 회전'이 빠를수록 좋다.
어영부영 시간을 보내지 말고, 생활 자체에 빠른 템포를 유지할 수 있도록 '이것이 끝나면 저것을 한다'는 식으로 일련의 흐름을 매일 실행시키는 것이다.

63 아이의 행동을 유발하려면 '분위기'를 바꾸는 것도 한 방법

아이가 민첩하게 행동하길 바라면, 생활 패턴을 타이트하게 만드는 것이 지름길이라고 했는데, 실제로 아이가 정해진 패턴대로 움직여주는 것은 아니다.

어느 가정에서는 저녁식사 후에는 TV를 보며 단란한 시간을 갖고, 밤 9시에 공부를 시작한다는 규칙을 정해놓았다. 그런데 매일 "이제 9시가 되었다" 하고 말해주어도 아이는 공부할 생각을 않는다고 한다.

이런 경우, 아이만 탓할 수는 없다. 거실에서는 계속 부모가 TV를 켜놓고 이야기하고 있는데, 자신만 공부하러 들어가야 한다는 상황을 아이가 불만스럽게 생각하는 것도 무리는 아니다.

인간은 좀더 유쾌하고 즐거운 행동을 선택하고자 하는 '쾌락원리'에 지배당하고 있다고 한다. 성인이 되면, 필요에 따라 이성적으로 그 욕구를 억누르고 참아낼 수 있지만, 이성적 훈련이 미숙한 아이에게는 좀처럼 쉬운 일이 아니다.

아이의 행동을 유발하려면, 부모도 그때까지 하고 있던 일을 일단 중단하고 분위기를 바꾸어주는 것도 한 방법이다. 시간 구별을 명확히 해야 한다는 것을 보여줌으로써, 아이가 '결단'을 내리는 데 도움을 줄 수 있기 때문이다.

시간이 되면 "자, 이제 시간이 됐으니까 엄마도 일해야지" 하며 자리에서 일어나 집안 일을 시작한다. 어머니가 단호하게 일어나는 모습이 아이에게 무언의 재촉이 되는 것이다.

어머니의 사소한 행동 하나 하나에 아이는 민감하게 반응한다는 사실을 다시 한 번 깨달아야 할 것이다.

64 행동하지 않는 아이에게는 '손해'와 '이익'감정에 호소해본다

인간의 행동이 '선악'으로 규정되어 있다고 말하는 사람도 있지만, 이것은 그저 원칙일 뿐이다. 실제로는 좀더 계산적인 '손해와 이익'에 좌우된다고 하는 것이 옳지 않을까.

미국의 유명한 세일즈 컨설턴트 엘마 호일러는, 고객의 구매 욕구를 환기시키는 설득법에 관해 설명하면서, 인간의 행동을 규정하는 요소에 대해 매우 적확한 예를 들고 있다.

"열차 출입구에 사람들이 몰려 있어 승차에 지장을 줄 때, 직원이 '안으로 조금씩만 들어가 주세요' 하고 반복해서 말해봤자 별 효과가 없다. 하지만 '안에 빈 자리가 있습니다' 하고 바꿔 말하면 대부분의 사람들이 안으로 이동한다."

이것이 의미하는 것은, 인간은 아무리 귀찮더라도 그것이 어떤 '이득'과 연관되어 있으면 불평 없이 행동으로 옮긴다는 것이다. 다시 말해, 사람을 움직이게 하려면 지금 당장 하고 싶지 않은 일이라도 그것을 하면 '이득'이 있다는 것을 보여주면 되는 것이다.

아이에게 한자 연습을 시킬 때, '한자 연습을 하는 것이 책이나 신문을 잘 읽기 위해서'라고 하거나 '한자를 잘 알면, 컴퓨터 잡지를 술술 읽을 수 있다'고 '이득'이 되는 점을 알려준다. 이때 '이득'이 되는 사항은 구체적일수록 효과적이다.

아이들은 정직하기 때문에, 자신에게 아무런 이득이 없는 일은 하려고 하지 않는다. 반대로 자신에게 이득이 되는 일은 말하지 않아도 척척 행동으로 옮긴다. 이 성질을 잘 이용하면 꾸짖지 않고도 아이의 행동을 유발할 수 있는 것이다.

꾸지람 듣고 억지로 하는 행위와 '이득'을 얻기 위해 하는 행위는, 아이의 의욕면에서 현격한 차이를 보인다. 물론 그 행동의 결과에도 차이가 나는 것은 당연하다. 그러는 동안 아이는 '꾸지람을 듣고 나서 하는 것보다, 스스로 알아서 하는 것이 이득이다'라고 깨닫게 되는 것이다.

꾸짖는 지혜

인간은 아무리 귀찮더라도 그것이 어떤 '이득'과 연관되어 있으면 불평 없이 행동으로 옮긴다. 다시 말해, 사람을 움직이게 하려면 지금 당장 하고 싶지 않은 일이라도 그것을 하면 '이득'이 있다는 것을 보여주면 되는 것이다.

65 '너라면 할 수 있어'라고 암시하면 진짜로 하게 된다

어떤 어머니는 초등학교 6학년생인 큰아이가 너무 소극적인 성격이라, 학교 이외에는 혼자서 외출하지 못한다고 고민하고 있었다. 그 아이는 늘 집에서 TV 게임을 하거나 책을 읽거나 하면서 시간을 보낸다고 한다. 그런 아이를 볼 때마다 "가끔 밖에 나가 친구들과 어울려 놀아라" 하고 말하지만 소용이 없다.

아이들이 초등학교 고학년 정도 되면 행동 범위도 넓어지고, 친구끼리 영화를 보러 간다든지, 도서관에 간다든지 하는 일이 많아진다. 그런 아이들과 소극적인 아이들은 어떤 차이가 있을까. 그것은 '자신감이 있는가, 없는가'의 차이일 뿐이다. 그러므로 아이가 좀처럼 밖에 나가려 하지 않을 때는 먼저 아이에게 자신감을 갖게 할 필요가 있다.

미국의 심리학자 로젠솔이 제창한 '피그마리온 효과'라는 것이 있다. '할 수 있다는 믿음을 주면, 정말 할 수 있게 된다'는 것인데, 이것을 이용하면 자신감이 없는 아이에게 자신감을 심어줄 수 있다는 것이다.

혼자 밖에 나가지 못하는 아이에게 "너는 혼자서 외출할 수 있어"라고 매일 반복해서 말해준다. 그 긍정적인 암시에 걸린 아이는 '혼자서 나갈 수 있을지도…'라고 생각하게 되고, 도전해보고 싶은 마음이 생긴다. 그리고, 실제로 혼자서 외출하기에 이른다. 이를 통해 얻은 자신감은 더욱 밖으로 밖으로 향해 나아가는 행동력으로 이어진다.

아이는 지레 '나는 할 수 없다'고 판단하여 매사에 소극적으로 행동하는 경우가 적지 않다. 이를테면 '야구를 하고 싶은데, 나는 운동신경이 둔하니까…' 하고 혼자서 결정을 내리고, 학교 야구부에 들어가는 것을 포기하거나, 영어 경시대회에 나가보라고 권유해도 '절대로 좋은 성적을 못 낼 거야' 하며 응시하지 않는 경우 등이 그것이다.

이런 때 "왜 못해?" 혹은 "한심하긴" 하는 식의 말은 아이의 자신감을 더욱 꺾을 뿐이다. 꾸짖어서 분발을 유도하기보다 "너라면 할 수 있어" 하며 매일같이 긍정적인 암시를 걸어 자신감을 가질 때까지 기다려주는 것이 아이의 적극적인 행동을 이끌어내는 지름길이다.

아이는 어른이 헤아릴 수 없을 정도로 무한한 잠재력을 갖고 있다. 그것을 살리느냐 죽이느냐 하는 것은 부모의 몫이다.

66 '~를 할 수 있으니까, ~도' 하며 아이가 할 수 있는 분야를 넓혀준다

어떤 어머니가 아이의 단정하지 못한 생활 습관 때문에 고민하고 있었다. 집에 돌아오면 현관에다 아무렇게나 신발을 벗어놓고, 양말은 벗어서 소파 위에 휙 던지고, 옷은 침대 위에 훌렁 벗어 던지면 그뿐…. 늘 아이 뒤를 좇아다니며 꾸짖기도 하고 정리하라고 시키기도 하며 하루를 보낸다고 한다.

어느날, 아이가 친구 집에 자러 갔다. 폐를 끼치는 것이 아닌가 염려되어 친구의 어머니에게 전화를 걸었더니 "○○는 대단해요. 신발도 가지런히 정리하고, 벗어놓은 옷은 착착 개서 옷장에 넣어두더라구요. 가정교육을 철저하게 시키셨나봐요" 하며 칭찬하는 것이 아닌가. 어머니가 놀란 것은 두말할 것도 없다.

그 일이 있은 후, 어머니는 아이가 지저분하게 행동해도 꾸짖지 않고 부드럽게 말했다. "××군 어머니에게 칭찬받았잖아. ××네 집에서 잘했으니까, 우리 집에서도 잘할 수 있지?" 하고 말하자, 아이는 멋쩍어 하면서 "네" 하고 대답하며, 자신이 벗어놓은 것들을 정리하기 시작했다고 한다.

만일 어머니가 "××네 집에서는 잘하면서 왜 우리 집에서는 이 모양이니!" 하고 야단쳤다면, 분명 아이의 태도에는 변화가 없었을 것이다.

아이에게 바른 생활 습관을 익히게 하려고, 하루 종일 잔소리하며 꾸짖는 경우가 많다. 그런데 아이가 야단맞는 것에 익숙해지면, 어머니가 아무리 잔소리해도 한 귀로 듣고 흘려버리거나 반항적인 태도를 보이며 말을 듣지 않게 된다.

'밀어서 안 되면 당겨라'라는 말이 있듯이, 꾸짖어도 안 되면 '칭찬'하는 방법으로 아이를 움직여본다. 말은 하기 나름이다. 같은 내용을 말해도 그 방법에 따라 상대에게 주는 인상은 달라질 수 있다. 그때까지 아무리 꾸짖어도 효과가 없었다면, 말하는 방법을 바꿔 칭찬해주면 의외로 순순히 말을 들을 수도 있다.

'~를 할 수 있으니까, ~도 잘할 거야' 하고 말하는 것은, 할 수 있는 것을 평가하여, 하지 않는 일에 대한 의욕을 일으키는 방법이다. 이를테면 "국어를 잘하니까, 수학도 할 수 있을 거야" "줄넘기를 잘하니까, 철봉도 할 수 있을 거야" 하는 식으로, 어려워하는 분야에 도전하게 유도할 수 있다.

단, 여기에서 주의해야 할 것은, 말투를 '부드럽게' 하지 않으면 역효과가 나타난다는 점이다. 강한 어조로 말하면, 오히려 아이의 귀에 거슬리거나 비아냥거리는 것으로 들릴지도 모르기 때문이다. 어디까지나 부드럽게 '엄마는 기대하고 있어' 하는 태도를 보이는 것이 포인트이다.

아이는 어머니에게 '기대' 받고 있다는 것을 깨달으면, 하고 싶지 않은 일도 '할 수 있다'고 대답한다. 이처럼 '말은 하기 나름'이다.

꾸짖는 지혜

"국어를 잘하니까, 수학도 할 수 있을 거야" "줄넘기를 잘하니까, 철봉도 할 수 있을 거야" 하는 식으로, 어려워하는 분야에 도전하게 유도할 수 있다.

67 요령이 부족한 아이에게는 꾸지람보다 구체적인 조언을 한다

텔레비전을 보고 있는 아이에게 다음날의 등교 준비를 시키고 싶을 때, "텔레비전만 보지 말고, 내일 학교 갈 준비를 해라"고 말하면, "네" 하고 대답하면서도 행동으로 옮기지는 않는다. 결국, 꼼짝도 않는 아이를 보고, 어머니는 혼낼 수밖에 없다.

이런 때 "광고 나올 때 내일 학교 갈 준비를 하는 게 어떨까…" 하고 좀더 구체적인 조언을 해본다. '텔레비전을 끄지 않고도 내일의 준비를 할 수 있는 방법'을 알게 된 아이는 순순히 행동으로 옮길 것이다.

요령이 부족한 아이를 보고 "좀더 빨리 할 수 있도록 해라" 하거나, "늑장부리지 말아라" 하고 꾸짖는 경우가 많은데, 이런 식으로는 아이의 행동을 변화시킬 수 없다. 아이에게 있어서 그것은 정신적 압박이 되어 오히려 의욕을 꺾는 결과만 낳을 뿐이다.

행동이 느린 아이를 보고, 요령이 부족하기 때문이라고 여기는 부모는 '빨리 빨리' 하며 재촉하는 경우가 많다. 하지만 사실 요령이 부족한 아이란 행동이 느려서가 아니라, 하는 방법을 모르는 것뿐이다. 그러므로 '빨리' 하라고 다그치지 말고, 구체적인 조언을 해주는 것이 좋다.

요령이 있다는 것은 시간을 효과적으로 사용한다는 뜻이기도 하다. 생활 속에서 자투리 시간을 활용하는 방법을 가르쳐주면, 아이는 '아, 그렇구나' 깨달으며, 자신의 시간 활용법에 대해 다시 생각해볼 것이다.

어떤 어머니는 "우리 애는 얼마 있으면 피아노 발표회를 하는데, 배우는 게 많아서 좀처럼 연습할 시간이 나질 않아요" 하며 안타까워했다. 그러던 어느 날, 아이는 스스로 어머니에게 "학교에 가기 전에 연습할래요" 하고 말하는 것이었다.

어머니뿐 아니라, 아이 또한 연습의 필요성을 절감하고 빈 시간을 찾았던 것이다. 이처럼 아이에게 어떤 행위에 대한 '필요성'을 알게 하는 것이 중요하다.

아이는 성장하면서 많은 경험을 거듭하며 '이렇게 하는 게 낫겠다' 하는 판단을 스스로 내릴 수 있게 된다. 그러면서 서서히 사물에 대한 '요령'을 터득해간다. 실패와 성공, 후회를 반복하다보면 그 속에서 다양한 학습을 거치기 때문에, 사물을 융통성 있게 처리하는 요령을 배우는 것이다. 자신이 직접 경험한 것이야말로 완전히 자기 것으로 만들 수 있다. 그러므로 아이를 '요령 있는 아이'로 키우려면, 꾸짖기보다 아이에게 구체적인 조언을 해주어 '생각할 수 있는' 기회를 많이 주는 것이 중요하다.

68 '꾸물거리지 말아라' 하는 한 마디가 아이의 실행력을 잃게 한다

"꾸물거리지 말아라" 하는 것은, 어머니가 아이의 행동을 재촉할 때 쓰는 말이다. 아이의 느린 행동 때문에, 어머니의 머릿속에 있는 시간표가 흔들릴 때, 대부분의 어머니들은 이런 말로 아이를 다그친다.

그런데 아이에게는 아이 나름의 이유가 있기 때문에, 일방적으로 "꾸물거리지 말라"는 말을 들으면 거친 아이라면 반발할 것이고, 소심한 아이라면 위축되고 말 것이다. 어느 쪽이든 아이를 결코 민첩하게 행동하도록 유도할 수는 없다. 이런 때는 꾸짖어서 의욕을 꺾지 말고, 어머니가 '이 시간까지 이렇게 하면 좋겠다' 하는 내용을 아이에게 미리 말해두는 것이다.

먼저, 아이에게 미리 예정을 분명하게 이야기해둔다. 그리고 서둘러야 하는 이유와 언제까지 해야 하는지 그 기한도 함께 말해두면, 아이는 아이대로 시간을 조정하여 어머니가 곤란하지 않도록 행동할 것이다. 이를테면 "할아버지 댁에 가야 하니까, 3시까지는 돌아와라. 4시에는 집을 나서야 하거든" 하고 말해두면, 대개의 아이는 그 시간에 맞출 수 있도록 행동한다.

하지만 아이의 행동이 느리다고 해서 모든 경우에 기한을 정해주어야 하는 것은 결코 아니다. 때로는 아이의 '꾸물거림'을 인정해주어야 하는 경우도 있다.

어떤 어머니가 수업에 참관하러 갔을 때의 일이다. "문제를 다 푼 사람부터 순서대로 선생님한테 노트를 가지고 오세요" 하는 선생님의 말에 학생들은 차례로 노트를 제출하러 나갔다. 그런데 그 어머니의 아이는 뚫어져라 노트만 바라볼 뿐 시간 내에 제출하지 못했다. 어머니는 다른 학부형들 보기 창피해서 먼저 집으로 돌아왔다고 한다.

저녁에 어머니는 아이를 보며, "뭘 그렇게 꾸물거리고 있었어? 엄마가 얼마나 창피했는지 아니?" 하며 꾸짖었다. 한 문제 푸는데 왜 그렇게 시간이 걸리는지 어머니는 도저히 이해할 수 없었다.

문제를 푸는데 시간이 걸리는 아이는, 하나의 문제 속에 새로운 문제점을 발견하여 다양한 시행착오를 반복하고 있다고 생각할 수 있다. 사실, 많은 시행착오를 거듭하는 것은 문제의 전체 구조를 이해하고, 더욱 깊이 이해하는데 도움이 되기 때문에, 문제를 푸는데 시간이 걸리는 아이는 문제를 빨리 푸는 아이보다 많은 학습을 하고 있다고 볼 수 있다. 이것은 오히려 칭찬해주어도 좋다.

"꾸물거리지 말라"는 한 마디로 문제를 해결하기까지의 시행착오의 시간을 부정한다면, 그것은 아이의 사고력의 폭을 좁히는 일이며, 더 나아가 문제에 임하는 자세나 사물에 대한 실행력에까지 나쁜 영향을 미칠 수 있다.

아이는 무한한 잠재력을 지닌 존재라는 사실을 잊어서는 안 된다.

꾸짖는 지혜

아이에게 미리 예정을 분명하게 이야기해둔다. 그리고 서둘러야 하는 이유와 언제까지 해야 하는지 그 기한도 함께 말해두면, 아이는 아이대로 시간을 조정하여 어머니가 곤란하지 않도록 행동할 것이다.

69 '눈치없는 아이'는 적극적으로 집안 일을 시킨다

어떤 어머니가 친구들을 집으로 초대했다. 어머니는 열심히 식사 준비를 했는데, 막상 자리에 앉아 보니 한 친구의 앞에 젓가락을 놓지 않았다는 것을 알았다. 어머니는 초등학교 5학년생인 딸에게 "얘, 젓가락을 가져와야지" 하고 시켰다. 딸은 순순히 젓가락을 가지러 부엌으로 갔는데, 그 뒤에서 어머니가 "우리 애가 눈치가 없어서, 미안하다" 하는 말을 듣고, 화난 얼굴로 자리에 돌아왔다.

'우리 애가 눈치가 없어서'라고 말한 것은 어머니 입장에서는 단순한 겸손의 말이었을지 모른다. 하지만 그 말을 들은 아이는 잘못한 일도 없는데 비난을 받는 느낌이 들기도 하고, 또 자신이 무능력한 사람 취급을 당하는 것 같아 불쾌해졌을 것이다.

매일의 생활 속에서 어머니는 아이에게 '눈치가 없어서' 하는 말을 자주 하는데, 대체 '눈치가 없다'는 기준은 어디에 있을까. 이 말은 아이가 어머니가 기대하는 행위를 해주지 않았을 때 자주 쓰인다. 그러므로 '눈치가 없다'는 기준은 매우 애매하고, 어머니의 주관에 의한 경우가 대부분이다. 또한 '눈치없는 아이'는 일상 생활 속에서 어머니에게 '이럴 땐 이렇게 하라'는 대처 방법을 배우지 못했다고도 할 수 있다.

아이를 '눈치 빠른 아이'로 키우려면, 평소부터 집안 일을 많이 경험하게 하고, 상황에 따라 적절한 조언을 해주어야 한다. 또한, 어머니가 직접 '눈치 빠른' 행동이란 어떤 것인가를 본보기로 보여주면 좋을 것이다. 아이가 당장은 별 반응을 보이지 않더라도, 스스로 마음 속에 새겨 행동으로 옮길 것이다.

친구의 아이 가운데 초등학교 2학년 여자아이가 있다. 이 아이는 부모가 가르친 적이 없는데도 엘리베이터를 탈 때 다른 사람을 배려해 '열림' 버튼을 누르고 있고, 빌딩의 회전문에 들어설 때는 반드시 뒤에 사람이 있는지 없는지를 확인한다고 한다. 그처럼 남을 배려할 줄 아는 것은 어머니를 본보기로 해서 배운 결과일 것이다. 아이를 '눈치없다'고 꾸짖기 전에 어머니가 먼저 '눈치 빠른' 행동을 보여주어야 하지 않을까.

70 실행력을 키우려면 '스스로 선택하고, 스스로 할 수 있는' 기회를 늘려준다

백화점 학용품 매장에서 필통을 고르고 있는 부모와 아이의 대화이다.

어머니는 아이에게 이렇게 말했다.

"네가 사용할 거니까, 네가 원하는 것을 골라라."

그 말을 들은 아이는 이것저것 유심히 살펴보더니, 한 필통을 선택하여 어머니에게 보였다. 그러자 어머니는,

"이렇게 큰 걸로?"

하고 말했다. 그래서 아이가 다른 필통을 고르자 이번에는 어머니가,

"그렇게 작으면 그 안에 뭘 집어넣을래?"

하며, 아이가 고른 필통에 불만을 표시했다.

결국 아이는,

"그럼, 엄마가 골라!"

하더니, 뾰루퉁해진 얼굴로 매장을 나가버렸다.

아이의 실행력을 키우려면, 먼저 자신의 의지대로 행동할 수 있는 판단력과 결단력을 심어주는 것이 중요하다. 인간이란, 다른 사람에게 끌려다니지 않고, 스스로의 명확한 동기 부여가 있을 때 적극적으로 행동하기 때문이다.

요즘 아이들은 결단력이 없다고 평가받는 경향이 있다. 어떤 일에 대해 신속하게 결단을 내리지 못하고 난감해 하는 아이를 보고 어머니가 "빨리 결정해라" 하고 꾸짖으면, 아이는 궁지에 몰려 울음을 터뜨리는 광경을 자주 볼 수 있다.

결단력이 없다는 것은, 다시 말해 자기 주장이 약하다는 것을 뜻하기도 한다. 자신감이 부족하다고도 할 수 있을 것이다.

이렇게 말하면 아이의 자질에 문제가 있다고 오해하는 사람이 많은데, 결코 그렇지 않다. 오히려 아이가 그렇게 된 데는 어머니의 태도에 문제가 있다고 해야 할 것이다.

아이가 자신의 의지대로 결정한 일을 "그것은 안 돼" 하고 부정하거나, 아이의 의견을 무시하며 "이렇게 해라" 하는 식으로 유도하지는 않는가?

일단 아이에게 일의 결정권을 주었다면 그 아이의 의견을 존중하고, 되도록 부모는 참견하지 않는 것이 좋다. 아이의 의견을 존중할 생각이 없다면, 처음부터 아이에게 의견을 묻지 않는 편이 낫다. 자신의 의견이 무시되는 상황이 거듭되면, 아이는 '말해도 소용없다'고 생각하거나, 혹은 '내 의견은 늘 잘못되었으니까' 하며 자신감을 잃고, 결과적으로 자신의 의견을 주장하지 않게 된다. 이런 경험이 아이의 결단력을 꺾는 것이다.

아이가 어떤 물건을 선택해야 할지 결단을 못 내리고 있다면, 부모가 동의할 수 있는 몇 가지 것을 아이에게 제시해주는 것도 좋은 방법이다. 자신의 결정이라는 사실에는 변함이 없기 때문에, 아이는 자신감을 회복하여, 점점 자신의 생각으로 모든 일을 결정해갈 것이다.

자신의 의지대로 결정한 일에 대해 아이는 자주적으로 행동할 것이다. 자신의 의지가 존중받았다는 기쁨을 맛본 아이는 점차 실행력을 키워나갈 것이다.

꾸짖는 지혜

일단 아이에게 일의 결정권을 주었다면 그 아이의 의견을 존중하고, 되도록 부모는 참견하지 않는 것이 좋다. 아이의 의견을 존중할 생각이 없다면, 처음부터 아이에게 의견을 묻지 않는 편이 낫다.

71 때로는 아이의 양심의 가책에 호소해볼 필요가 있다

공부하고 있는 아이의 방에 간식을 들고 갔더니, 공부하는 줄 알았던 아이가 만화책을 읽고 있었다. 또, 밤늦은 시간에 아이의 방에 불이 켜져 있어 살짝 문을 열어보았더니, 아이가 게임을 하고 있었다, 하는 식의 이야기를 자주 듣는다. 부모의 눈을 속이는 이런 행위를 보면, 분명 어머니는 눈을 부릅뜨고 화를 낼 것이다.

그런데 아이는 어머니의 꾸지람에 '아이, 들켜버렸네' 하고 생각할 뿐, 혼나는 것 자체는 그다지 두려워하지 않는다. 그런 아이를 보고 화가 나서 "왜, 엄마를 속이니?" 하고 다그치면, "알았어요. 그만두면 되잖아요" 하고 반항적인 태도를 보인다.

이런 때, 가장 좋은 방법은 아이의 양심의 가책에 호소하는 일이다. 아이는 하지 말아야 하는 일은 했다는 자각이 있기 때문에, 그 행위를 하는 데 있어서 다소나마 켕기는 구석이 있었을 것이다. 바로 그것에 접근하는 것이다.

이를테면, "너도 마음속으로는 해서는 안 되는 일이라는 걸 알고 있었을 거야. 왜냐하면, 그것은 하지 말아야 할 일이니까. 엄마는 왠지 속은 것 같아서 슬프구나" 하는 식으로 말해본다. 이렇게 하면, 아이를 꾸짖지 않고도 어머니가 하고 싶은 말을 전달할 수 있다.

아이뿐만 아니라 어른도 '나쁜 일인 줄 알면서 하는' 경우가 많다. 그런 때 누구나 '양심의 가책'을 느낀다. 그런 심정을 헤아리지 못하고 상대편이 다짜고짜 따지고 든다면, 여러분은 어떤 기분이 들 것인가.

상대의 기분을 배려한 말 한 마디가 아이의 반성을 유도하고, 나아가 앞으로의 아이의 행동에 영향을 미치는 것이다.

72 아이의 유형에 따라 '호통치기'와 '타이르기'를 구분한다

프로 야구계의 명 코치로 알려진 사람에게 선수 양성의 비결에 관해 들은 적이 있다. 그 가운데 이런 이야기가 있었다.

"선수가 입단했을 때, 격려해야 실력이 향상되는 선수인지, 반대로 호통을 쳐야 하는 선수인지 재빠르게 판단하는 것이 중요합니다. 각각의 선수의 성격에 따라 훈련 방침을 달리 결정하는 것이 효과 있습니다."

아이를 꾸짖을 경우도 마찬가지다. 아이의 성격을 파악하여, 그 아이에게 맞는 방법을 선택해야만 꾸짖는 효과를 기대할 수 있다.

현재로는 '외향형'과 '내향형' 두 가지가 성격 분류의 기본이기 때문에, 그것을 근거로 각각의 성격에는 어떤 방식이 효과적인지 생각해 보자.

일반적으로 '외향형' 아이는 호통치는 편이 낫다고들 한다. 왜냐하면, 이 유형은 화를 내도 기죽지 않고, 후유증이 남지 않는 심리구조를 갖추고 있기 때문이다. 부모에게 야단맞아 받은 스트레스를 밖으로 발산하는 방법을 알고 있기 때문에, 마음에 앙금이 남지 않고, 부모의 가르침만 머리에 남게 된다. 그러므로 호통을 받고도 꺾이지 않고 다시 일어설 수 있는 것이다.

그런데 '내향형' 아이의 경우는 호통치면 스트레스를 받을 뿐 아니라 위축되는 경향이 있기 때문에, 호통치는 것은 오히려 역효과가 나타난다.

그러므로, 내향형 아이를 화내며 야단친다면, 아이는 자신의 인간성까지 무시당한 듯이 받아들여 '나는 구제불능 인간이야' 하고 비관적인 생각을 하게 된다. 따라서, 다시 회복하기까지 긴 시간을 필요로 한다.

내향형 아이에게 주의를 주고자 할 때는 화내지 말고 타이르듯이 "이것은 잘못한 거야" 하며 명확하게 '문제점'을 지적하고, 인격을 무시하는 것이 아니라는 사실을 상대에게 알려줄 필요가 있다.

이들 유형을 잘 파악하여, '호통치기'와 '타이르기'를 구분해야만 꾸짖는 본래의 목적을 이룰 수 있다. 여러분의 아이는 어떤 유형인가. 어머니의 정확한 판단이 아이를 올바르게 행동하도록 이끄는 것이다.

73 잘못을 꾸짖지 말고, 위기를 벗어난 실행력을 칭찬해준다

초등학교 4학년이 된 어느 여자아이는, 영어회화 학원에 갈 때 늘 어머니가 차로 데려다주었고, 끝날 때도 어머니가 데리러 온다고 한다. 평소처럼 아이를 보내고 어머니가 집에 돌아오자, 잠시 후 아이로부터 '마중' 나오라는 전화가 걸려왔다. 이야기를 들어보니, 그날은 학원이 휴강이라는 것이다. 지난주에 통신문을 받았는데, 그것을 어머니에게 보여주는 것을 깜빡 잊고, 자기 자신도 휴강이라는 사실을 완전히 잊고 있었던 것이다.

하지만 아이는 돈도 없고 전화카드도 갖고 있지 않았기 때문에, 어떻게 전화를 걸었는지 아이에게 묻자, "이번 달 학원비 봉투 속에 1만 엔짜리 지폐가 있다는 것이 생각나서, 마음대로 쓰면 안 되는 줄 알았지만, 근처 가게에서 과자 한 봉지 사서 동전을 바꾸었어요. 전화를 걸려고."

어머니는 아이의 잘못을 꾸짖지 않고, 아이의 센스 있는 행동에 감탄하여 오히려 아이를 칭찬해주었다고 한다.

어머니에게 혼날 각오를 하고 있던 아이가 어머니의 태도에 놀라 자신만만한 표정으로 바뀌었으리라는 것은 두말할 필요도 없다. 그후 자신의 잘못을 반성한 그 아이는 학원에서 받은 통신문을 잊지 않고 곧바로 어머니에게 건네주었다고 한다.

아이의 실행력을 키워주려면, 먼저 아이에게 자신감을 갖게 하는 것이 중요하다. 그런 의미에서 작은 실수를 꾸짖지 않고, 그 실수를 통해 위기를 벗어나려 했던 실행력을 칭찬한 어머니의 대응은 매우 '지혜'로운 것이었다고 할 수 있다.

74 '이런 일도 못하는' 것은 '이런 일을 시키지 않았기' 때문이다

프로 복서 하타야마 타카노리 씨는 부모와 자녀의 관계에 대해 이렇게 말하고 있다.

"아이가 천국에서 살 수 있는 것은 부모와 함께 있을 때뿐이다. 부모와 헤어지면, 아이는 사하라 사막에 버려진 것과 같다. 다리가 부러진 초식동물은 곧 육식동물에게 잡아먹힐 것이다. 과잉보호 받은 아이는 괴롭고 힘든 일이 닥쳤을 때, 그것을 극복할 수 없다. 그러므로 가정에서의 훈련이 매우 중요하다고 생각한다. '헝그리 정신'이란 말은 이미 사라졌지만, 그런 강한 정신력을 갖추도록 키우는 것은 부모의 책임이다."

또, 어떤 친구는 말했다. '과잉보호'란 '지나친 보호'가 아니라 '잘못된 보호'라고.

매우 수긍이 가는 의견이다.

초등학교 5학년이 된 한 아이의 어머니는 아이를 혼자서 외출시키기가 염려되어, 그 아이가 나갈 때는 반드시 차로 바래다주었다. 그 때문에, 그 아이는 지하철이나 버스를 거의 이용해본 적이 없었다.

그런데, 어느날 어머니에게 급한 일이 생겨 아이를 학원에 데려다줄 수가 없게 되었다. 어머니는 걱정이 되었지만, 아이가 이미 5학년생이기 때문에, 아이의 손에 지하철역 약도를 쥐어주고 혼자 타게 했다. 아이는 그 약도를 들고 역으로 갔지만, 결국 이리저리 헤매다가 반대편 방향에서 잘못 타 엉뚱한 역에 내리고 말았다.

역무원의 연락을 받고 달려온 어머니는 아이를 보자마자 "지하철도 제대로 못 타니!" 하며 야단쳤다고 한다.

이 아이가 지하철을 탈 줄 몰랐던 것은 어머니한테 그 이용 방법을 배우지 않았기 때문이다. 아이가 지하철을 타본 것이 처음은 아니었지만, 언제나 어머니만 졸졸 따라 다녔기 때문에, 막상 혼자 하려니 어떻게 해야 하는지 알 수 없었던 것이다.

요즘 어머니들은 아이를 지나치게 과잉보호하는 경향이 있다. 항상 아이를 지키며 자신 가까이 두려 하고, 아이에게 스스로 행동할 수 있는 방법을 가르쳐주지 않는다. 그런 어머니들은 입으로는 "이런 것도 못 하니?" 하며 꾸짖으면서도 아이가 스스로 하도록 내버려두지 않고, 결국 어머니 자신이 참견을 해야 직성이 풀린다.

더욱 심각한 경우는, 어머니가 없으면 혼자서는 어떤 행동도 할 수 없는 아이도 있다는 것이다. 아이가 사랑스럽다고 지키고만 있으면, 아이는 언제까지나 스스로 행동하려 하지 않을 것이다.

75 어떤 반항심도 한결같은 사랑과 신뢰에는 약하다

아이가 초등학교 고학년 정도 되면, 부모의 말에 고분고분 따르지 않고, 반항적인 태도를 취하는 경우가 많아진다. 꾸짖으면 반항하는 아이에게 그 반항적인 태도를 고쳐주려고 또 꾸짖고, 그러면 아이는 더욱더 반항적인 행동을 보이게 되는, 이런 악순환에 빠져 있는 가정도 적지 않다.

어떤 남자아이는 초등학교 5학년이 될 무렵부터 반항적인 행동을 보이기 시작해, 결국 어머니에게 폭력을 휘두르기에 이르렀다. 아이에 대해 두려움을 느낀 어머니는 그후 일체 꾸짖지 않고 아이를 방임 상태로 내버려두게 되었다.

이 어머니와 아이 사이에는 대화도 없어지고, 당연히 신뢰도 존재하지 않는다. 그리고 아이가 사춘기가 되어 본격적인 반항기에 접어들자, 아이는 불량 서클에 들어가 경찰서를 제 집 드나들 듯 했다고 한다.

부모의 이혼을 계기로 어머니와 둘이서 살게 된 한 남자아이는, 하루하루 반항적인 태도가 심해져갔다.

어머니에게 폭력을 휘두르지는 않아도, 집안의 물건을 던지거나 걷어차기 일쑤여서 어떻게 손을 쓸 수 없었다고 한다. 그래도 어머니는 아이를 믿고, 아이의 난폭한 행동을 그만두게 하기 위해 갖은 노력을 했다.

그러던 어느날, 아이가 고열로 심하게 앓았을 때의 일이다. 한밤중까지 간호해주는 어머니를 보고 자신이 사랑받고 있다고 느낀 아이는 그때부터 어머니에 대한 반항적인 행동을 멈추었다고 한다. 아이는 어린 마음에 부모가 이혼한 것이 자신을 사랑하지 않기 때문이라고 생각했던 것이다. 그것이 반항적인 행동을 보인 이유였다. 그러므로, 어머니의 사랑을 확신한 그 아이는 반항할 이유가 없어진 것이다.

여기에서 깨달을 수 있는 것은, 부모와 아이 사이에 '애정'과 '신뢰관계'가 확고하면, 아이의 반항심을 잠재울 수 있다는 것이다.

이를테면, 아이가 폭력을 휘두르더라도 초등학교 고학년 시기까지는 아이의 반항심을 변화시킬 수 있다. 결코 포기하지 말고, 아이와의 신뢰관계가 쌓이도록 노력하면, 반드시 그 마음이 아이에게 전해질 것이다.

76 대인관계에 무관심한 아이에게는 '남을 돕는 일'의 소중함을 일깨워준다

어떤 어머니는 아이가 4학년으로 올라가고 며칠이 지나서, "새로운 반은 어때?" 하고 아이에게 물어보았다. 그러자, 아이는 "음, 모두 좋은 아이들이라 친하게 지내고 있어요"라고 대답했기 때문에 안심하고 있었다고 한다.

그런데, 학부형회의에 참석해보니, 그 반은 사소한 사건이 끊이질 않고, 왕따 당하는 아이도 있어 실제로 등교를 거부하는 학생도 있다는 사실을 알게 되었다. 어머니는 자기 아이가 주위의 대인관계에 너무나 무관심하다는 것을 알고 아연해지고 말았다.

요즘은 사람과 사람의 교제가 희박해졌다고들 한다. 그런 어른의 세계를 반영하여 아이들도 친구를 사귀는 일에 무관심해진 것은 아닐까.

만일, 아이의 반에 왕따가 있다고 들었다면, 여러분은 아이에 대해 어떠한 행동을 바라겠는가? 분명, "왕따 당하는 아이를 도와주거라"

하고 설득하며, 왕따는 있어서는 안 된다고 충고할 것이다. 사람은 혼자서는 살 수 없다는 것을 알고 있는 부모가, 친구의 소중함과 남을 돕는 일의 중요함을 가르치려는 것은 당연하다.

따라서, 아이가 지나치게 주위 친구에 대해 무관심하다고 여기면, 아이의 성격을 불안하게 생각하여 "친구들에게 좀더 관심을 가져라" 또는 "따돌림당하는 아이에게 잘해주거라" 하며 아이를 설득하려는 어머니가 많은데, 이런 도덕적인 문제는 아무리 말로 설명해도 아이에게 전달되기 어렵다.

좀더 분명히 말하자면, 대인관계에 무관심한 것은 '나만 편하면 되지' 하는 의식이 그 근본에 깔려 있다는 것이다. 그러므로, 그 의식을 '나만 편하면 되는 것이 아니라, 모두가 서로를 편하게 느껴야 한다'는 의식으로 바꾸어줄 필요가 있고, 그것이 문제의 해결로 이어진다.

아이의 의식을 바꾸기 위해서는 '남을 돕는 일의 소중함'을 일깨워주어야 한다. 그러려면 가정에서 집안 일을 시키는 것이 가장 빠른 길이다.

아이가 집안 일을 잘 거들어주면 반드시 "고맙다" "도움이 되었다" 하며, 어머니의 기쁜 마음을 전달해야 한다. 그렇게 함으로써, 남을 돕는 일의 소중함을 아이가 깨닫게 되는 것이다.

가정에서 배운 것은 학교의 대인관계에 그대로 반영된다. 힘들어하는 아이가 있으면 도와줄 것이고, 자신이 곤란한 일을 겪을 때는 도움을 청하기도 할 것이다.

부모라면 누구나 자기 아이가 '남을 배려할 줄 아는 아이'가 되길 바란다. 그렇다고 조급하게 생각할 필요는 없다. 가정에서 착실히 그 중요함을 가르쳐주면 되는 것이다.

꾸짖는 지혜

아이가 집안 일을 잘 거들어주면 반드시 "고맙다" "도움이 되었다" 하며, 어머니의 기쁜 마음을 전달해야 한다. 그렇게 함으로써, 남을 돕는 일의 소중함을 아이가 깨닫게 되는 것이다.

77 교제에 서투른 아이에게는 친구를 사귀는 방법을 구체적으로 알려준다

앞에서 이야기했던 우주비행사 모리 마모루 씨는, 초등학교 시절에는 친구 사귀기를 어려워해 집에서 매일 TV만 보는 소년이었다고 한다. 그때, 담임 선생님이 반강제적으로 어느 활동반에 넣고, 그 대표를 맡긴 것이 계기가 되어, 그때까지 몰랐던 '사람 사귀는 즐거움'을 경험하면서 자신의 성격을 극복했다고 한다.

교제에 서투른 성격을 고치려면 여러 가지 방법이 있을 것이다. 그러나, 단 한번이라도 친구를 사귀는 일의 즐거움을 가르쳐준다면, 비교적 쉽게 극복할 수 있다는 것이다.

어떤 어머니는 아이가 늘 집에서 혼자 노는 것을 보고, "친구를 사귀어볼래?" 하고 권유했다. 그런데 어머니가 아무리 말을 해도 아이는 행동으로 옮기려 하지 않았다. 지친 어머니가 "집에서만 놀지 말고, 밖에서 놀아라" 하고 꾸짖자, 아이는 울음을 터뜨리고 말았다.

어머니는 놀라 아이를 달래면서 아이의 말을 들어주었다. 아이 또한 친구와 놀고 싶었다고 한다. 몇 번이나 친구에게 말을 걸어보려고 했지만, '거절당하면 어쩌지?' 하는 불안감이 앞서 실행할 용기가 나지 않았다고 한다.

교제에 서투른 아이들의 마음속은 매우 복잡하다. 말을 걸어 거절당하면, 상대가 사정이 있어서 그럴 수도 있는데, 자신을 싫어하는 것이 아닌가 하고 비관적으로 받아들이는 것이다. 그리고 결국 '사귀고 싶지만, 사귈 수 없는' '친구들 속으로 끼여들고 싶지만, 그러지 못하는' 상태에 빠지고 만다.

만일 여러분의 자녀에게 이런 조짐이 보인다면, 그저 '사귀어 보라'고 할 것이 아니라, 구체적인 교제 방법을 알려주어야 한다.

"거절당할지 모르지만, 한번 말을 걸어봐" 하고 제안한다. 그때, 아이가 거절에 대한 불안감을 갖고 있다면, "그럼, 언제 놀까?" 하고 물어보라고 권유한다. 대부분의 아이들은 "○요일은 괜찮아" 하고 대답해줄 것이다. 그래서 약속을 하면 된다고 알려준다.

이런 시도를 몇 번 반복하면 '교제에 서투른 성격'을 극복할 수 있을 것이다.

아이가 불안해하며 행동으로 옮기지 않을 때, 결코 아이를 탓해서는 안 된다. 그 불안을 해소하기 위한 구체적인 대책을 제안하여 조금씩 아이에게 용기를 심어주어야 한다.

78 아이가 딴 길로 샜을 때 그 실행력을 칭찬한다

외출하다가 아이가 딴 길로 새는 바람에 아이를 잃은 줄 알고 혼비백산한 경험이 누구나 한번쯤 있을 것이다. 아이를 찾았을 때, 안도감과 화가 교차하여 자기도 모르게 아이의 행위를 꾸짖는 경우가 많다.

하지만 딴 길로 새는 아이는 어떤 면에서 보면 실행력이 있다고도 할 수 있다. 다른 것에 정신을 뺏긴 것은 꾸짖어도, 그 실행력은 칭찬할 만한 것이다.

어떤 가족이 목장으로 여행을 갔을 때의 일이다. 집에 돌아가는 열차를 타기 위해 역으로 향하려고 할 때, 갑자기 초등학교 6학년생인 아이가 "친구 줄 선물을 깜박 했어요" 하고 말했다. 부모는 선물만 사고 곧바로 돌아온다는 약속을 받고 아이 혼자 목장 기념품점에 보냈다.

그런데 아무리 기다려도 아이가 돌아오지 않는 것이었다. 아버지가 기념품점까지 찾으러 갔지만, 그곳에 아이의 모습은 없었다. 한참만에 돌아온 아이를 꾸짖으며 이야기를 들어보니, 기념품점 근처에 마구간과 닭장이 있어서 그것을 구경하다가 시간 가는 줄 몰랐다는 것이다. 결국 가족은 열차를 놓치고 하룻밤을 더 보내야 했다.

그 부모는 열차 시간을 잊어버린 아이의 무책임함을 엄하게 꾸짖었다. 하지만 전부터 아이의 강한 호기심을 긍정적으로 생각하고 있던 부모는, 동물 구경에 빠져 시간가는 줄 몰랐던 일은 탓하지 않았다. 그 후에도 그 아이는 여전히 나가기만 하면 번번이 딴 길로 샜지만, 정해진 시간에 정해진 장소로 돌아온다는 최소한의 약속은 반드시 지켰다고 한다.

딴 길로 새면 '나쁜 아이'의 전형인 것처럼 생각하는 사람이 있는데, 결코 그렇지 않다.

딴 길로 새는 아이는 호기심이 강하여, 흥미를 느끼는 것에는 모든 것을 잊고 몰두하는 집중력과 지구력이 있는 아이, 새로운 것을 두려워하지 않는 실행력 있는 아이라 할 수 있다. 아이들은 많은 가능성을 숨기고 있기 때문에, 딴 길로 샌 사실을 탓하며, 그 가능성의 싹을 짓밟아 버리는 일이 없도록 해야 할 것이다.

79 반항적인 아이는 꾸짖기보다 강한 성격을 살리는 방안을 강구한다

어떤 어머니가 느닷없이 학교 선생님에게 불려갔다. 이야기의 내용인 즉, 아이가 학교에서 선생님에게 반항적인 태도를 취하기 때문에 난감하다는 것이었다. 수업중에 소리를 지르기도 하고, 선생님이 불러도 대답을 하지 않는다고 한다. 어머니가 집에 돌아와 아이에게 그 사실을 묻자, 아이는 "친구들 여러 명이서 장난을 치다가 학교 유리창을 깼을 때, 선생님이 나만 혼냈기 때문에 화가 나서 그랬어요" 하는 것이었다. 아이는 불만을 반항이라는 형태로 표현했을 뿐이었다.

어머니는 잠시 생각한 후, 아이에게 이렇게 말했다.

"선생님이 너를 엄하게 꾸짖은 것은 너를 믿기 때문이야. 네가 반의 모범이 되어 모두를 이끌어주길 바랬던 게 아닐까. 그렇지?"

아이는 조용히 생각에 잠겼다.

며칠 후, 학교 선생님에게 연락이 왔다. 요 며칠 동안 아이가 반항적인 태도를 보이지 않고, 리더십을 발휘하여 반에서 일어나는 일을 척척 해결한다는 것이다.

부모나 선생의 말을 듣지 않고, 자신의 의견을 굽히지 않는 아이를 '반항적'이라고 단정짓는 경우가 많은데, 과연 그럴까. 만일 그것이 사춘기 이전의 아이라면, 반항이라기보다 자신의 생각이 확고하다고 할 수 있기 때문에 결코 나쁘다고 할 수는 없다.

그런데 현실적으로 아이가 반항적인 태도를 취하면, '반항하지 마라'고 꾸짖으며, 그 태도를 고치게 하려는 부모가 많은 것 같다. 이것은 단순히 '너는 안 돼' 하며 아이를 탓하는 것이나 다름없다.

아이의 반항적인 태도를 고치려면, 꾸짖기보다 그 에너지를 긍정적인 방향으로 돌릴 수 있도록 유도해야 한다. '반항'이라고 하면 부정적인 이미지가 강하지만, 사실 반항하는 아이는 건강한 아이, 자기 주장이 강한 아이라고 할 수 있다. 그 점에서 아이를 평가하면, 아이는 의외로 고분고분 어른의 말에 귀를 기울일 것이다.

물론, 그렇게 되면 아이와의 신뢰관계도 회복할 수 있다. 아이가 반항적인 태도를 취하면 무조건 '나쁜 아이' 취급을 하는 사람이 많은데, 결코 그래서는 안 된다. 어머니는 "나는 너를 믿는다"는 생각을 분명하게 아이에게 전달해야 한다. 아이에게 있어서 자신이 인정받지 못한다는 사실만큼 괴로운 일도 없기 때문이다.

무슨 일에든 반항적으로 행동하는 사춘기와는 달리, 초등학생 아이의 반항은 어른의 관심에 따라 얼마든지 좋은 방향으로 이끌 수 있다. 그 아이의 장점을 평가하고, 반항할 수 있다는 건강함, 활발함, 강한 자기주장, 자립심을 좋은 방향으로 발휘할 수 있게 이끌어주어야 할 것이다.

꾸짖는 지혜

반항하는 아이는 건강한 아이, 자기 주장이 강한 아이라고 할 수 있다. 그 점에서 아이를 평가하면, 아이는 의외로 고분고분 어른의 말에 귀를 기울일 것이다.

80 아이가 저지른 잘못을 대신 뒷수습 해주지 말라

어떤 어머니는 초등학교 5학년생인 아이의 덜렁대는 성격 때문에 골치를 앓고 있었다. 아이는 준비물을 안 챙겨 가는 일이 빈번한데, 그때마다 학교에서 전화를 걸어 "ㅇㅇ를 갖다 줘" 하면 어머니는 황급히 학교까지 달려간다는 것이다.

어느 날인가는 전날부터 준비해놓았던 수영 가방을 현관에 놓고 그냥 가버린 적도 있었다. 아이가 학교에서 난감해하고 있을 생각을 하니 가만 있을 수 없어, 서둘러 아이의 학교까지 수영 가방을 들고 갔다고 한다. 아이에게는 늘 "준비물을 잊지 않도록 해라" 하고 주의를 주지만, 도무지 그 성격은 고쳐지지 않는다는 것이다.

준비물을 잘 챙기지 못하는 아이의 뒤치다꺼리를 해주는 어머니가 많은데, '아이가 사랑스럽다'는 이유로 계속 그런 일을 한다면, 아이의 성격은 영원히 고쳐지지 않을 것이다. 아이는 '준비물을 잊어도 엄마가 갖다줄 테니까' 하고 당연하게 여기고 있기 때문에, 준비물을 잊는 것에 대한 긴장감이 없는 것이다.

이런 아이의 성격을 고쳐주려면, 어머니에 대한 의존심을 끊게 하는 것이 중요하다. 즉, 아이가 준비물을 잊어도 절대로 어머니가 뒷수습을 해주지 말아야 한다. 그래야만 아이가 긴장감을 갖고, 준비물을 잊고 가는 일이 줄어들 것이다.

요즘은 어머니에 대한 의존심에서 벗어나지 못하고, 무슨 일이든 어머니한테 떠넘기고, 자신의 일에는 관심도 없으며, 스스로 자기관리를 하지 못하는 자율성이 부족한 아이가 많아지고 있다. 대개의 어머니는 그런 아이를 보고 "네 일은 네가 알아서 해라"고 꾸짖지만, 실제로는 어쩔 수 없이 아이의 '응석'을 받아주고 만다. 그러므로 아이의 자율성 부족은 어머니 탓이라 해도 과언이 아니다.

어떤 어머니는 "내가 덜렁대니까, 아이가 침착해지더라구요" 하고 웃으면서 말했다. 이 어머니에게는 학원에 다니는 초등학교 5학년생 딸이 있다. 어느 날, 어머니는 한 달에 한 번 치르는 학원 시험 날을 깜빡 잊고 말았다. 어머니는 자신을 한심하게 생각했지만, 다행인지 불행인지 이 일을 계기로 아이는 어머니에 대한 '의존심'을 포기했다고 한다.

그후에는 아이 스스로 시험 일정을 체크하고, "엄마, 이번 일요일에는 시험이 있어요" 하고 알려주어, 어머니가 아이의 스케줄을 관리할 필요가 없어졌다. 물론, 그 아이는 시험 당일에는 스스로 일어나 학원으로 향했다고 한다.

여기에서 알 수 있는 것은, 아이가 '어머니에 대한 의존심'을 포기한 것이 아이의 자율성 · 자주성 · 실행력을 키우는 중요한 계기가 되었다는 것이다. 자칫하면 어머니는 아이를 '지키는' 일에 지나치게 매달릴 우려가 있는데, 때로는 아이를 방치해두고 '쓴맛'을 보게 할 필요도 있다.

꾸짖는 지혜

아이가 준비물을 잊어도 절대로 어머니가 뒷수습을 해주지 말아야 한다. 그래야만 아이가 긴장감을 갖고, 준비물을 잊고 가는 일이 줄어들 것이다.

제5장

노력을 격려하도록 꾸짖는 비결

81 형제를 비교하여 꾸짖으면 아이는 반발심을 갖게 된다

초등학교 4학년생과 2학년생인 두 형제를 둔 가정의 이야기다. 어머니는 초등학교 2학년생인 둘째아이의 생활습관 때문에 고민하고 있었다.

어느날, 둘째아이의 책상이 너무 지저분해 어머니가 "책상 좀 정리해라" 하고 말했다. 그런데 어머니의 말을 듣고도 아이는 TV만 볼 뿐, 꼼짝하지 않았다.

화가 난 어머니는 "왜 그 모양이니! 형은 1학년 때부터 늘 깨끗하게 정리할 줄 알았는데" 하며 형과 비교해서 꾸짖었다. 그 말을 들은 둘째아이는 하는 수 없이 책상을 정리했지만, 그것도 잠시, 며칠이 지나자 아이는 또 정리를 하지 않아 어머니에게 꾸지람을 듣는 일이 계속되었다.

이 아이가 책상을 정리하지 않는 것은, 꾸지람을 듣더라도 '어머니의 관심을 자신에게 쏠리게 하려는' 심리의 표현이다.

어머니가 형과 비교하여 꾸짖음으로써, 아이는 책상을 정리하고 싶은 마음이 싹 사라진 것이다. 이런 때, 만일 어머니가 "형은~" 하고 말하고 싶은 것을 꾹 참고, 책상을 정리해야 하는 이유를 차근차근 설명해주었다면, 아이는 스스로 책상을 정리하려는 마음이 생겨났을 것이다.

인간은 누구나 제3자와 비교 당하여 자신이 열등하다는 식으로 평가받으면 불쾌해지게 마련이다. 더군다나 자신과 가장 가까운 존재인 형이 비교 대상이라면, 아이는 다른 사람과 비교 당할 때보다 큰 상처를 받을 것이다.

또한 열등감을 느낀 아이는 자신보다 우월한 위치에 있는 형에게로 어머니의 애정이 쏠려 있다고 생각하기 쉽다. 즉, 자신의 존재가 처우당하고 있다고 느끼는 것이다. 어머니의 사랑을 독차지하고 싶은 아이는 형에게 질투심을 느끼고, 어떻게 해서든 어머니의 관심을 끌려고 할 것이다. 그러므로 어머니의 애정을 차지하는 일에 집착하여, 어머니 곁을 떠날 수 없게 된다. 이것이 아이의 자립심 발달에 악영향을 주는 것은 당연하다.

형제가 있으면, 어머니는 자신도 모르게 아이들을 비교하게 된다. 언제나 함께 생활하기 때문에 형제의 우열이 눈에 띄는 것은 어쩔 수 없는 일이다. 하지만 그것은 어머니 마음속에 눌러두고, 아이들 앞에서는 두 형제를 비교하여 꾸짖는 일은 피해야 한다.

형제를 비교하여 꾸짖으면, 아이는 꾸지람의 내용보다 비교 당한 것에 더 큰 상처를 입어, 결국 무엇 때문에 혼이 났는지 알 수 없는 경우가 많다. 꾸짖는 효과를 기대할 수 없는 것이다.

꾸짖는 지혜

인간은 누구나 제3자와 비교 당하여 자신이 열등하다는 식으로 평가받으면 불쾌해지게 마련이다. 더군다나 자신과 가장 가까운 존재인 형이 비교 대상이라면, 아이는 다른 사람과 비교 당할 때보다 큰 상처를 받을 것이다.

82 아이들 싸움에 부모는 끼어들지 말라

초등학교 4학년생 남자아이와 2학년생 여자아이를 둔 어떤 어머니의 경험담이다. 자신이 싸움을 중재하려고 하면 싸움이 더욱 격렬해진다는 사실을 깨달은 어머니는, 어느날 또 싸움을 시작한 것을 보고도 못 본 척 외면했다.

잠시 후 딸아이가 울면서 달려왔다. 어머니가 "왜 그러니?" 하고 묻자, "오빠가 때려서 등이 아파. 만져줘" 하고 말했다. 어머니는 잠깐 동안 아이의 등을 만져주었다. 그리고 나서는 싸움을 한 사실도 잊었는지 두 아이는 사이좋게 놀러 나갔다고 한다.

어느 쪽 편도 들지 않은 어머니의 태도가 아이의 질투심을 부르지 않았기 때문에, 둘은 다시 놀이의 세계로 빠져들 수 있었던 것이다.

하루가 멀다하고 싸움을 벌이는 아이들 때문에 고민하는 어머니들이 많다. 실제로 싸움이 시작되면 대부분의 어머니는 그것을 꾸짖고 싸움을 멈추게 하는데, 사실 이 방법은 오히려 역효과를 낳을 수 있다. 아이들 싸움을 줄이고자 한다면, 위험이 따르는 경우가 아니라면 기본적으로는 싸움에 개입하지 않는 것이 좋다.

아이들은 도대체 왜 싸우는 것일까. 그 원인은 단순히 욕구를 채우기 위한 표현이라고 생각하기 쉬운데, 사실은 그렇지 않다. 아이는 싸움을 벌임으로써 '어머니의 관심'을 끌고자 하는 것이다.

즉, 아이는 눈앞의 '물건'을 빼앗기 위해서가 아니라, '어머니의 애정'을 빼앗기 위해 싸우는 것이다. 언제나 어머니의 애정을 한몸에 받고 싶은 아이에게, 그것을 공유해야 하는 형제는 질투를 불러일으키는 대상이며 라이벌이기 때문에 충돌할 수밖에 없는 것이다.

예를 들어, 싸움을 말리기 위해 어머니가 끼여들었다고 하자. 이때 아이는 어머니가 어느 쪽 편을 들 것인가에 촉각을 곤두세우며, 어머니의 태도나 말에서 그것을 찾으려고 한다.

어머니가 자신의 편을 들어줄 때는 기분이 좋지만, 만일 자신이 아니라 상대의 편을 들어준다면 '나보다 쟤를 더 사랑하는구나' 하고 생각하여 질투심을 느끼고, '다음에는 내 편을 들게 만들어야지' 하고 생각하게 된다. 이것이 또다시 싸움을 벌이는 원인이 되는 것이다. 이처럼 어머니가 싸움에 개입하는 것은 오히려 아이들 싸움을 부추길 수 있다.

아이들이 부모의 애정을 받고 싶어하는 마음 때문에 싸움을 벌인다는 의미에서 보면 이것은 자연스런 현상이라 할 수 있다. 아이들 싸움을 도저히 관망하고 있기 힘들다면, 싸움이 시작되었을 때 외출하는 것도 한 방법이 될 수 있겠다.

꾸짖는 지혜

아이는 싸움을 벌임으로써 '어머니의 관심'을 끌고자 하는 것이다. 아이들 싸움을 줄이고자 한다면, 위험이 따르는 경우가 아니라면 기본적으로는 싸움에 개입하지 않는 것이 좋다.

83 큰아이에게 동생을 보살피게 한다

내가 어렸을 적에는 대장이라 불리는 리더격인 아이를 중심으로 하여 몰려다니며, 가까운 공터나 뒷골목에서 하루종일 놀았던 기억이 있다. 모여 있는 아이들도 가지각색이라 서로 싸우기도 하고 헐뜯기도 하면서, 늘 사이좋게 지낸 것만은 아니었다.

하지만 그 경험을 통해 아이들은 나름대로 사회성을 배우며 자연스럽게 자립심을 키워갈 수 있었다.

시대는 변하여 요즘 아이들은 또래끼리 떼지어 노는 일이 거의 없다. 이런 아이들에게 사회성을 길러주는 장으로서 가정의 역할이 더욱 중요해졌다. 특히 형제가 있다는 것은 아이들에게 있어서 큰 행운이며, 형제끼리 사이좋게 지내거나 싸우는 일 등은 부모가 생각하는 것 이상으로 큰 의미가 있다.

그렇지만 형제끼리 사이좋게 지내는 것도 잠시, 싸움이 시작되면 어머니로서는 참으로 골치 아픈 일이다. 아이들 싸움에 끼여들지 않겠다고 다짐하고, 하루종일 그 싸움을 지켜보고 있는 것도 대단한 인내심을 필요로 한다. 어머니가 참다못해 아이들을 꾸짖어도 그것을 탓할 수는 없다. 만일 꾸짖지도 않고, 혹은 꾸짖고 싶은 것을 참아야 한다는 정신적 부담도 없이, 아이의 싸움을 줄일 수 있다면 더할 나위 없이 좋을 것이다.

결론부터 말하면, 큰아이를 잘 다룰 수만 있다면 형제 싸움은 현격히 줄어든다. 평소에 큰아이에게 동생을 보살피도록 시키는 것이다. "얘, 동생이 정리하는 것 좀 거들어주겠니?" "동생 공부 좀 봐줄래?" 하고 부탁하는 투로 말하면, 큰아이는 동생을 보살피려는 마음이 생긴다.

자기보다 어린 동생을 돌본다는 것은 자신의 욕구를 억제하고, 상대의 욕구를 들어주어야 하는 면이 있기 때문에, 그 경험을 통해 큰아이는 자신의 욕구를 억제하는 방법을 깨닫게 된다. 또한, 제멋대로 행동하는 동생의 태도를 보고, 자신의 욕구를 고집하는 것이 다른 사람의 눈에는 어떻게 비치는가, 즉 자기 자신을 객관화하는 기회를 갖는 것이다.

큰아이에게 동생을 보살피도록 시키는 것은, '맏이로서의 책임감'을 환기시키고, 자립심을 키우며, 큰아이 자신의 성장에도 긍정적인 기능을 하게 된다. 평소부터 큰아이를 잘 다루어 형제싸움을 줄이고, 동시에 큰아이의 자립심을 키우는 어머니의 '지혜'가 필요하다.

84 아이끼리의 싸움은 '자립심'을 키우는 과정

화목을 매우 중시하는 일본에서는, 싸움이라면 절대적으로 나쁜 것이라 규정하는 사회 통념이 강하다. 그 때문에, 부모는 아이들 세계에도 이런 사고방식을 주입시켜, 싸우고 있는 아이를 보면 "싸우면 안 된다" "사이좋게 지내라" 하고 꾸짖으며 중재하려는 경향이 있다.

하지만 나는 싸움을 절대 해서는 안 되는 것이라고 생각하지 않는다. 아니, 오히려 싸움을 권장하고 싶다.

부모는 어째서 야단치면서까지 싸움을 말리려는 것일까. 부모는 싸움을 못하게 함으로써 아이들을 진정시켰다고 안도하겠지만, 당사자인 아이들은 싸움의 원인이 되는 문제를 해결하지 못한 상태이다. 그런 불완전한 연소는 아이들의 마음에 앙금으로 남아, 기회만 있으면 싸움을 벌이게 된다.

그러므로 아이들의 문제가 해결될 때까지 싸우도록 내버려두는 것이 더 이상의 싸움을 막는 길이다.

싸움은 아이들에게 있어서 귀중한 사회성 훈련의 방법이라고 할 수 있다. 싸움을 통해 이해가 상반되는 상대가 있다는 것, 자신의 요구가 전부 통하는 것은 아니라는 것, 때로는 타협이 필요하다는 것 등을 자연스럽게 배울 수 있다. 따라서 사람이 살아가는데 꼭 필요한 사회성 · 협동성을 길러주는 소중한 체험이다.

그러므로 아이들의 싸움을 무조건 중단시키는 것은 아이가 사회성을 배울 기회를 빼앗는 것이다.

싸우는 모습을 보면 안쓰럽다, 혹은 우리 아이가 다른 아이에게 상처를 입힐까 염려된다 등등, 싸움을 말리는 이유는 가지각색이다.

하지만 이유야 어찌되었건 섣불리 아이들의 싸움을 중단시키는 것은, 아이의 심리적 발달에 큰 영향을 주게 된다는 것을 부모는 명심해야 할 것이다.

최근에는 아이들끼리의 싸움이 줄어든 반면, 아이의 싸움이 살인사건으로 이어지고, 혹은 아이의 폭력 행위가 흉악 범죄로까지 발전한 뉴스를 심심찮게 접하게 된다. 이들 사건들은 아이의 사회성 결여가 원인이며, 또래끼리의 싸움이 줄어든 것과도 관계가 있다고 생각한다.

기본적으로 아이들 싸움은 아이들 스스로 해결하도록 내버려두는 것이 좋다. 만일, 그냥 방치해두기 불안하다면, '심판'이나 '관객'의 입장에서 싸움을 관전하는 것이다.

말싸움이든 몸싸움이든 누구의 도움도 받지 않고, 아이 스스로 곤란한 상황을 벗어나는 체험을 하는 것이야말로, 아이의 자립심을 키우는 중요한 기회가 되는 것이다.

꾸짖는 지혜

싸움은 아이들에게 있어서 귀중한 사회성 훈련의 방법이라고 할 수 있다. 싸움을 통해 이해가 상반되는 상대가 있다는 것, 자신의 요구가 전부 통하는 것은 아니라는 것, 때로는 타협이 필요하다는 것 등을 자연스럽게 배울 수 있다.

85 제3자 앞에서 아이를 꾸짖으면 아이의 '자립심'은 위축된다

초등학교에 다니는 아이가 학교에서 돌아왔는데 집에 손님이 와 있었다. 그런데 아이가 인사도 하지 않고 그냥 자기 방으로 들어가려고 해 어머니는 아이를 불러 세웠다. 그리고는 "손님에게 공손히 인사 드려야지" 하며 손님 앞에서 꾸짖었다. 그런데, 아이가 아무 말 없이 서 있자 이번에는 "어서 인사드리지 못하겠니!" 하며 다그치듯이 말하자, 아이는 고개만 까딱 하고 방으로 들어가 버렸다고 한다.

손님 앞에서 야단맞은 것 때문에 아이는 틀림없이 어머니에게 반발심이 생긴 것이다. 이런 때는 그 자리에서는 "얘, 기운이 없니?" 하는 정도로 끝내고, 손님이 돌아간 뒤에 예의바르게 행동하지 않은 점을 깨우쳐 주는 것이 현명하다. 아이의 체면이 깎이지 않도록 배려한다면, 아이는 고분고분 말을 들을 것이고, 꾸짖는 효과면에서도 손님 앞에서

보다 더욱 효과적으로 나타날 것이다.

어머니는 무심코 다른 사람 보는 앞에서 아이를 꾸짖는 경우가 많은데, 이것은 금물이다. 제3자 앞에서 꾸지람을 들으면, 아이는 자신의 부끄러운 곳을 들춰냈다는 굴욕감 때문에 반발심을 갖게 된다. 그리고 그것은 "나는 어차피 안 되는 애니까…" 하는 자포자기에 빠지게 해, 아이의 자립심에도 큰 영향을 미친다.

예부터 '겸양의 미덕'을 강조해왔다. '저희집 아이는…' 하는 식으로 사람들 앞에서 자신의 아이를 과소평가하듯이 말하면, 그 말을 들은 아이는 적잖이 굴욕감을 느끼게 된다.

'겸양의 미덕'을 지나치게 내세우면, 다른 사람 앞에서 아이에 대한 불필요한 선입견을 심어줄 수 있다. 이 또한 아이의 자립심 발달에 악영향을 끼친다. 이를테면, "저희집 아이는 응석이 심해요" 하며, 부모가 다른 사람에게 하는 말을 들으면, 아이는 '어차피 나는 응석받이니까' 하는 생각에 안주해 그것을 고치려는 노력을 하지 않게 되는 것이다.

아이는 다른 사람 앞에서 칭찬의 말을 들으면 의욕이 살아난다. 그렇지만 꾸지람을 듣거나 과소평가 받으면, 아이의 '자립심'은 위축된다. 지혜로운 어머니라면 제3자라는 사회적 존재를 가정교육의 매개로 삼아 잘 이용해야 할 것이다.

86 '공부하라'는 말보다, '공부하지 말아라'는 한 마디가 효과적일 때도 있다

내가 아는 어떤 사람은, 아이가 아무리 꾸짖어도 공부할 생각을 않자, "그럼, 공부하지 말거라. 할 필요 없다" 하며, 아이의 책꽂이에 꽂혀 있던 교과서와 노트 등 학습도구를 전부 쓰레기통에 버렸다고 한다. 그러자 아이는 울면서 공부하겠다고 말하며 책상에 앉았다고 한다. 이 방법의 옳고 그름을 논하는 것은 뒤로 미루도록 하자. 학습도구가 버려지자 '공부할 수 없게 된다'는 위기감을 느낀 아이는 그토록 하기 싫었던 공부를 스스로 하겠다고 나섰다.

'말을 물가에 데리고 갈 수는 있어도, 물을 마시게 할 수는 없다'는 속담도 있듯이, 의욕이 없는 아이에게 의욕을 심어주는 일만큼 대단한 일은 없다.

아이는 꼭 해야 하는 일인 줄 알면서도 적극적으로 행동하지 않는 경우가 많다. 그래서, 그런 아이를 보고 "기운 내라"고 격려하거나 "~

해라" 하고 다그치는 부모가 많은데, 이런 방법은 오히려 아이의 의욕을 꺾을 뿐이다.

원래 인간에게는 '지적 받고 싶지 않은' 본능이 있다. 그것이 '반드시 해야 한다'고 자각하고 있는 경우는 더욱 그렇다. 정도의 차이는 있지만 누구나 가지고 있는 '청개구리 심리'라 불리는 인간 심리 구조이다. '공부하라'는 잔소리를 들으면, 아이는 괜히 공부하기가 싫어지는 것이다.

꾸짖어도 공부를 하지 않는 아이에게는 단호하게 '공부하지 말라'고 말해본다. 말을 듣지 않는 것이 '청개구리'이기 때문에, 공부하지 말라는 말을 들으면 반대로 하고 싶어질 것이다.

'이렇게 해야 한다' '이렇게 하는 것이 바람직하다'는 것을 알고 있는데, '~해라'는 말로 강요받으면 오히려 반항심이 생겨 상대의 말에 따를 수 없는 것이다. 하지만, 반대로 '~를 그만두거라' 하는 말을 들으면, 위기감이 생겨 신중한 태도를 취하게 된다.

지적 받고 싶지 않은 심리는 바꿔 말하면 자립심의 표현이기도 하다. 아이의 자립심을 자극해 의욕을 심어주는 것 또한 어머니의 지혜라고 할 수 있다.

87 '공부는 부모가 아니라 선생님에게 배운다'는 것을 가르친다

공부를 하다가 모르는 것이 있을 때, 늘 부모에게 물어서 해결하는 아이가 있다. 부모는 아이가 진지하게 공부하는 것을 기뻐하며, 아이가 그 문제를 해결할 때까지 열심히 가르치려고 한다. 언뜻 보면 바람직한 행동이라고 여겨지지만, 이것 또한 부모에 대한 의존심을 갖게 하는 원인이 된다. 이러한 '수동형' 학습 습관은 아이의 학습 자세로서 그다지 바람직하다고 볼 수 없다.

아이가 공부하다 모르는 것을 질문했을 때 "선생님께 여쭤봐라"고 말하며, 기본적으로 부모는 가르치지 않겠다는 자세를 취한다. 만일, 모른 척하기 어렵다면, 선생님에게 질문할 때의 '태도' 정도만 가르치는 것이 좋다. 그렇게 해야 아이에게 '공부는 스스로 하는 것'이라는 의식을 심어줄 수 있기 때문이다. 공부뿐만 아니라, 무슨 일이든 곧바로 어머니의 의견을 묻는 아이가 있다. 그런 아이는 스스로 답을 찾을 수 있는 문제인데도 부모에게 답을 요구하는 경우가 많다. 그리고, 그에 대한 답을 주어 아이의 '답안지' 노릇을 하는 부모도 적지 않다.

아이가 공부에 대한 질문을 했다고 해서 모든 것에 부모가 답을 해줄 필요는 없다. 매번 부모가 답을 해주면, 아이는 스스로 문제를 해결하지 않아도 부모에게 요구하면 된다는 생각에 무슨 일에든 수동적인 자세를 취하게 될 것이다.

그런 아이는 어려운 일이 닥쳤을 때 그 문제를 자신의 문제로 여기지 않고, 안이하게 부모의 도움을 받으려는 의존심을 보이게 된다. 부모가 아이의 '답안지' 노릇을 하는 것은 아이의 '응석'을 인정하는 것이며, 아이의 의존심을 조장하는 결과를 낳는다. 아이는 앞으로 한 사람의 인간으로서 자립해야 하는 존재이다. 아이라고 해서 의존하는 태도를 다 받아준다면, 아이의 자립심을 키우는데 방해가 될 뿐이다.

88 부모가 자신의 시간을 갖는 것이 아이의 '자립심'을 자극한다

집에서 가게를 운영하는 어떤 어머니는 일이 바쁠 때는 아이가 말을 걸어도 "일이 바쁘니까, 나중에…" 하며 일체 응해주지 않는다고 한다. 아이는 처음 얼마동안은 자신에게 반응을 보이지 않는 어머니에게 불평을 하곤 했지만, 무슨 말을 하건 어머니가 바쁠 때는 절대로 상대해주지 않는다는 것을 깨닫고, 어머니가 일할 때는 자신도 책을 읽거나 TV를 보는 등 자신만의 시간을 즐길 줄 알게 되었다고 한다.

아이에게 있어서 부모에게 무시당하는 것만큼 괴로운 일은 없을 것이다. 그것을 알고 있는 부모도 어떤 죄의식 같은 감정을 갖고 있을지도 모른다. 하지만 '무시의 효과'를 터득한 어머니라면, 가끔은 이 '무시'를 이용해 현명한 대응을 할 수 있을 것이다.

이를테면, 아이의 요구를 무시함으로써 어른 세계의 엄격함을 가르쳐주는 좋은 기회가 되는 것이다. 뿐만 아니라, 아이를 의도적으로 고독한 상황에 두는 것은 아이의 응석을 무시하고 자립심을 키우기 위해서도 매우 효과적인 방법이다.

일본과 미국의 모자 관계에 관한 한 연구에 따르면, '일본의 어머니는 자식을 자신의 분신이라고 생각하는 경향이 강하다'는 주목할 만한 결론을 내리고 있다.

미국의 어머니가 자식을 태어날 때부터 별개의 인격으로 여기는 데 대해, 일본의 어머니는 자식을 자신의 부속물처럼 여긴다. 이런 경향이 아이를 '응석받이'로 만드는 원인이라고도 할 수 있다. 최근에는 어머니와 떨어져 있지 못하는 아이, 혹은 아이와 떨어져 있으면 불안한 증세를 보이는 어머니가 사회적으로 문제가 되고 있는데, 그것은 바로 이 '분신의식'에서 비롯된 것이다.

특히 어머니는 아이 중심으로 스스로의 행동을 맞추려는 경향이 있다. 그야말로 24시간 아이 키우기에 매달리는 셈이다. 언제나 아이에게 애정을 쏟아붓는 것이 자녀 양육의 기본이라고 생각하는 부모가 많은데, 과연 그럴까.

TV에서 맹활약하고 있는 탤런트 아사기 쿠니코 씨는 요즘 초등학생 딸 키우는 일에 열중하고 있다. 그녀는 아이와의 관계에 대해 다음과 같은 말을 했다.

"TV에서 연기를 하고, TV를 보고 있는 시청자들에게 재미있는 이야기를 들려주는 것이 엄마에게는 소중한 일이라는 것을 딸은 잘 알고 있습니다. 그래서 딸도 엄마와 항상 함께 있을 수는 없지만, '엄마가 없어서 외로워' '엄마는 나보다 일을 더 좋아해' 하고 말하지 않습니다. 그 대신 집에 있을 때는 가족과 함께 어울리는 시간을 매우 소중하게 생각하고 있답니다."

아이도 언젠가는 한 사람의 인간으로서 독립해야 할 때가 온다. 그때 아이가 마음놓고 독립하기 위해서 아이의 자립심 성숙은 불가피한 일이다. 아이의 자립심을 키워주기 위해서는 아이 자신의 생활을 인정함과 동시에, 부모가 자신들의 일을 존중하는 모습을 보임으로써, 좋은 본보기가 되어야 한다고 생각한다. 부모와 아이가 별개의 생활권을 가질 필요가 있다는 것이다.

부모와 아이가 정신적인 거리를 두는 것은 아이를 응석받이에서 벗어나게 하는 훈련이라고도 할 수 있다. 그런 훈련을 극복함으로써 아이는 자립심을 키워나갈 수 있는 것이다.

89 누구에게도 방해받지 않는 '우는 공간'을 마련해준다

어떤 여자아이는 어느날 어머니에게 호되게 꾸지람을 들은 후 조용히 욕실로 들어갔다고 한다. 어머니가 욕실 문에 살며시 귀를 대보니 아이의 울음소리가 들려왔다. 어머니 앞에서는 눈물을 참던 아이가 울고 있다고 생각하니 어머니는 미안한 마음이 들었다. 그런데, 30분쯤 지나 욕실에서 나온 아이는 여느 때처럼 밝은 얼굴을 하고 있었다.

아이를 꾸짖은 뒤, 특히 엄하게 꾸짖고 나서는 아이가 염려스러워진다. 야단맞은 일로 아이의 마음에 앙금이 남지 않도록 뒷배려가 중요한데, 그것도 타이밍이 맞지 않으면 꾸짖은 효과가 없어진다. 이런 뒷배려는 꾸짖은 직후가 아니라, 아이에게 반성할 시간을 충분히 준 다음이어야 한다.

아이는 꾸지람을 들으면 대개 자기 방으로 가서 부모와 공간적인 거리를 두려고 한다. 그것은 부모의 얼굴을 보고 싶지 않다든가, 부모 곁에 있기 싫다든가 하는 이유가 아니라, 반성하는 모습을 누구에게도 보이고 싶지 않은 심리에서 나오는 행동이다.

아이는 꾸지람을 들은 뒤, 나름대로 자신의 잘못된 행동에 대해 생각하고 반성하고 있다. 그러므로, 아이 뒤를 쫓아 방으로 따라 들어가는 일은 삼가는 것이 좋다. 그것은 아이의 '스스로 반성'이라는 소중한 시간을 방해하는 행위이기 때문이다.

원래 사고 활동이란 고독할 때 왕성한 법이다. 아이는 누구에게도 방해받지 않는 고독한 공간에서 조용히 자신을 되돌아보고 객관시할 수 있는 것이다. 또한 이런 시간을 통해 더욱 깊은 반성을 기대할 수 있다.

여배우 나카무라 메이코 씨는, "내 방은 '우는 공간'이에요. 이상한 의미에서 우는 공간이 아니라, 좋지 않은 일이 있을 때 도피할 수 있는 장소라는 뜻이죠"라고 말했다.

'우는 공간'이란, 아이가 자신의 감정이나 기분을 추스르고 가다듬는 공간이라는 의미일 것이다. 이 공간이 있다는 것과 없다는 것은 아이의 자립심 발달에도 큰 차이를 나타낸다.

90 "너는 할 줄 모르는구나" 하는 말로도 자립심을 자극할 수 있다

바이올린 조기 재능교육으로 세계적으로 유명한 고 스즈키 신이치 씨는, 아동 심리에 정통하기로 이름난 사람이었다. 아이 중에는 조금 어려운 과제를 주면 기가 죽어 연습을 게을리하는 아이가 있는데, 스즈키 씨는 그런 아이에게 "너는 이런 것도 못하는구나. 그러니까 연습을 열심히 안 하지" 하며 일부러 자극하는 말을 해서, 아이가 열정을 갖고 연습에 임하도록 했다고 한다.

어떤 행위를 할 때 주저하거나 꺼려하는 아이에게는 아무리 '하라'고 꾸짖어도 별 효과를 기대할 수 없다. 인간의 심리는 강요하면 강요할수록 반발 심리가 작용한다. 실제로 강요하면 오히려 상대의 태도를 경직시켜 '절대로 하지 말아야지' 하는 기분이 들게 하는 경우도 적지 않다. 반대로, 강요해서 명령에 따르게 만들었다고 해도, 그 결과가 반드시 좋은 것만은 아니다.

이런 때는 스즈키 씨의 방법을 도용해, 아이를 일부러 자극해보는 것도 한 방법이다. '싫어서가 아니라, 할 줄 모르는구나' 하는 식으로 부추겨보는 것이다. '싫다'는 것은 기호의 문제이기 때문에, 이런 것으로 아이의 자존심을 상하게 할 수는 없다. 하지만 '할 줄 모른다'는 말을 들은 아이는 자신의 능력을 의심받는 것이기 때문에, 자존심에 상처를 입는 것이다.

아이라 해도 자존심은 갖고 있다. '무리겠구나' '할 수 없겠지' 하는 말로 과소평가 받으면, 자신의 자존심을 지키기 위해서라도 주어진 과제에 적극적으로 임하게 된다.

'하고 싶지 않다'는 것은 아이의 '응석'의 표현이라고도 할 수 있다. 하고 싶지 않다는 기분을 물리치고, 주어진 일에 적극적으로 임하게 하는 것은 아이의 응석을 멈추게 할 수 있는 기회이다. 이렇게 함으로써, 아이는 자립심을 키워가는 것이다.

91 응석을 멈추게 하려면 아이에게 핑계댈 상황을 주지 마라

외출 시간이 임박한데 갑자기 손님이 찾아왔다면, 아이에게 외출 준비를 부탁할 수도 있을 것이고, 한창 저녁식사 준비를 하고 있을 때 둘째아이가 울음을 터뜨렸다면, 큰아이에게 동생을 보살피라고 시킬 수 있을 것이다. 그런 상황에서 아이가 "나, 지금, 텔레비전 보고 있는데" "이제 막 책 읽으려고 하는데"라는 핑계를 대며 거들어주지 않을 때, 대부분의 어머니는 아이를 꾸짖고 만다.

어머니가 곤란한 상황이라는 것을 알면서도 이것저것 핑계를 대는 것은 어머니에 대한 일종의 '응석'이며, 또한 자신을 향한 '응석'이라고도 할 수 있다.

이런 때, 아이의 핑계를 듣기 전에 아이의 감정을 꿰뚫어보고 미리 핑계를 막아버리면, 도망갈 곳이 없어진 아이는 고분고분 어머니의 부탁을 들어줄 것이다.

이를테면, "텔레비전 재미있게 보고 있는데 미안하구나. ~좀 해줄래?" "책 읽기 시작했다는 거 아는데, ~도와주면 좋겠다" 하는 식으로 아이의 핑계거리를 이용해보는 것이다. '네가 바쁘다는 것은 알고 있지만, 부탁한다'는 태도를 나타내면, 아이는 그 부탁을 거절하기 어려워진다.

이때 아이의 마음속에는 '상대가 곤란한 상황인데 그것을 무시하면 안 되지' 하는 자립심이 싹트고 있는 것이다. 혹은 한 사람의 인간으로서 자존심에 자극을 받았다고 할 수도 있다. 말하는 방법을 조금만 바꾸면, 아이의 핑계를 막고 어머니의 부탁을 받아들이게 할 수 있는 것이다.

"바쁘다는 것은 아는데, ~좀 해줄래?" 하고 말하는 것은, 아이의 도움을 받아야 할 때뿐만 아니라, 여러 가지 상황에서 응용할 수 있는 방법이다. 예를 들어, 아이가 공부하게 만들려면 "게임이 재미있다는 건 알지만, 슬슬 공부하는 게 좋지 않을까?" 하고 말하면, 아이는 "지금 한창 이기고 있으니까, 공부는 나중에 할게요" 하고 말하지는 않을 것이다. 아쉬워하면서도 책상으로 향할 것이다.

핑계가 통하지 않는다는 것을 깨달으면, 아이의 자기중심적인 사고가 조금씩 고쳐지게 되고, 이것이 자립심을 키우는 길로 이어지는 것이다.

92 '오늘 듣고 내일 타이르는' 냉각 기간이 자립의 싹을 키운다

어떤 어머니는 이웃 사람에게 초등학교 6학년생인 아이가 친구들과 함께 오락실에 갔다는 얘기를 들었다. 어머니는 매일같이 입에 침이 마르도록 "오락실에 가면 안 된다"고 말했기 때문에, 아이가 그 약속을 어겼다는 사실에 화가 치밀었다.

그날 밤, 어머니가 아이를 꾸짖으려 하자, 눈치를 챈 아이는 반항적인 태도를 보이며 "보기만 했지 게임은 안 했어요" 하고 내뱉듯이 말했다. 그런데도 어머니가 계속 잔소리를 늘어놓자, 아이는 점점 흥분해서 "게임은 안 했다고 했잖아!" 하며 소리를 버럭 지르는 것이었다.

아이가 흥분했다는 사실에 어머니는 그날은 그것으로 끝내고, 다음 날 아이의 반항적인 태도에 대해 타이르듯이 말했다. 그러자 아이는 어제의 반항적인 태도와는 달리 고분고분 어머니의 말에 귀를 기울였다고 한다.

인간은 원래 자신의 잘못을 인정하지 않으려는 경향이 있다. 아이의 잘못된 행위를 고치고자 할 때, 엄한 질책으로 일관하면 아이는 자신의 잘못을 인정하지 않고 반항적인 태도를 보인다. 그런 아이의 태도에 상관없이 계속해서 꾸짖기만 한다면, 아이는 흥분상태에 빠져 결국 손을 쓸 수 없을 정도로 안 좋은 상황이 벌어지는 경우가 종종 있다.

아이를 꾸짖을 때는 아이가 그 질타를 받아들일 만한 기분인지 아닌지를 냉정하게 파악하고, 상황이 안 좋을 때는 잠시 기다리는 것도 중요하다. 그렇게 하는 것이 꾸짖는 효과를 높일 수 있기 때문이다.

앞의 어머니처럼 일단 꾸짖기를 멈추고 '냉각 기간'을 갖는 것은 현명한 방법이다. '서두르면 일을 망친다'는 말을 염두에 두면, 그 효과는 즉시 나타난다.

아이는 '냉각 기간' 동안 자신의 행동을 되돌아보고, 조용히 반성할 수 있다. 냉각 기간은 아이의 반성을 위해서가 아니라, 아이 자신의 자립심을 키우기 위한 의미 있는 시간이 될 것이다.

93 '그랬구나…'란 말로 일단 인정한 후, '하지만…'이란 말로 꾸짖는다

아이는 꾸지람을 들으면, "그렇지만, 저 아이도 했어요"라든가 "그렇지만, 전에는 아무 말도 안 했잖아요" 하고, '그렇지만'을 반복하며 자신의 행위를 정당화하려는 경우가 있다. 이런 때 어머니는 "그렇지만이 아니야!" 하며 아이의 말을 묵살하는 경우가 많은데, 그러면 아이는 반항적인 태도를 취하게 된다. 가끔은 '그렇지만…'으로 시작하는 아이의 말 중에 사태를 짐작케 할 만한 사실을 포함한 경우도 있다.

예를 들어, 형제가 싸우다가 큰아이가 동생을 때려서 울렸을 때, 큰아이가 "그렇지만, ○○가 내 교과서를 찢어버렸단 말이에요" 하고 말했다면 어떻게 해야 할까?

이런 경우, 아이의 '그렇지만'을 '그랬구나' 하며 인정한 후, "하지만, 네가 한 짓은 나빴어"라고 꾸지람을 준다. 아이는 자신의 행위가 전부 부정당한 것은 아니라는 사실에 의외로 고분고분 말을 들을 것이다. 이처럼 아이가 질타를 받아들일 수 있는 분위기를 조성한 후 꾸짖는 것이 바람직하다.

어떤 이유가 있든 잘못은 잘못이라고 가르쳐 아이의 행위를 바로잡아 줄 필요가 있다. '그렇지만'이라고 정당화해보았자 질타를 피할 수 없다는 것을 배운 아이는 다음부터 '그렇지만'을 이용해 빠져나가려는 태도를 보이지 않을 것이다.

아이에게 '그렇지만'으로는 피할 수 없는 '개인의 책임'을 자각하게 하는 것이 중요하다. 그것을 통해 사회의 엄격함을 가르칠 수 있고, 또한 아이의 자립심을 키우는 길이기도 하다.

꾸짖는 지혜

아이의 '그렇지만…'을 '그랬구나' 하며 인정한 후 "하지만 네가 한 짓은 나빴어"라고 꾸지람을 준다. 아이는 자신의 행위가 전부 부정당한 것은 아니라는 사실에 의외로 고분고분 말을 들을 것이다.

94 장난을 심하게 꾸짖으면 아이의 '자립심'이 위축된다

어떤 남자아이는 이웃에서 모르는 사람이 없을 만큼 유명한 장난꾸러기다. 학교에서 돌아왔다 싶으면 어느샌가 밖으로 놀러나가 한참 후에야 들어온다. 그 아이의 부모는, 요즘 아이들이 밖에서 노는 일이 드물어졌다는 점에서 아이의 행동력을 높이 평가하고, 장난이 좀 심하다 싶어도 크게 꾸짖지 않았다.

어느날, 학교에서 돌아온 아이가 자신의 방에 틀어박혀 꼼짝도 하지 않았다. 걱정이 된 어머니는 아이의 방으로 가보았더니, 아이는 아버지가 생일날 사준 라디오를 모조리 뜯어놓고 있었던 것이다. 화가 난 어머니가 저녁에 귀가한 아버지에게 말하자, 아버지는 단 한 마디 "책임지고 원래대로 해놓거라" 할 뿐이었다.

그날 이후, 아이는 매일 학교에서 돌아오면 방에 틀어박혀 라디오를 수리해보았지만, 아이의 능력에는 한계가 있었다. 생각한 끝에 아이는 근처 전기수리점에 가서 조립법을 배워와, 결국 자신의 힘으로 라디오를 고쳐놓았다고 한다. 부모는 다시 한번 아이의 판단력 · 인내력 · 실행력을 인정하게 되었다.

아이의 장난 때문에 골치를 앓는 어머니가 많지만, 사실 아이의 장난은 창조력의 결과라고도 할 수 있다. 아이들은 일단 뭔가에 흥미를 느끼면, 그것을 추구하려는 마음을 억누르지 못해, 옳고 그름을 생각할 틈도 없이 행동으로 옮기고 만다. 장난을 하는 아이의 머릿속에는 호기심 · 탐구심 · 지식욕이 넘쳐나고 있을 것이다. 그러므로, 아이의 장난을 심하게 꾸짖지 말고 마음껏 즐기도록 해주는 것이 정신적 · 육체적 발달에 도움이 된다.

하지만 아이의 장난이 다른 사람에게 폐가 되는 경우나 위험이 따르는 경우에는 그것을 묵인해서는 안 된다. 그런 때에는 아이가 장난하고 싶어하는 욕구가 어느 정도인지 살펴 그 에너지를 다른 쪽으로 돌릴 수 있도록 해주어야 한다.

예를 들면, "벽에 낙서를 하면 안 되니까, 신문지나 스케치북에 하도록 해라" 또는 "주차장에서 공놀이를 해서는 안 되니까, 공원에 가서 해라" 하는 식으로, 아이의 욕구가 채워질 만한 구체적인 방법을 가르쳐주는 것이다.

그렇게 하면, 아이는 마음껏 놀 수 있는 장소를 얻게 되고, 또한 같은 행위라도 허락되는 경우와 허락되지 않는 경우가 있다는 것을 깨닫는다. 이것은 사회성의 기초를 몸에 익히는 길이기도 하다.

그러는 동안 아이는 자신의 행동이 사회규범에서 벗어난 것인지 아닌지 스스로 판단하여, 자신의 감정을 잘 조절하면서 행동할 수 있게 된다. 이것이야말로 자립심을 키우는 좋은 기회인 것이다.

95 난폭한 언어사용은 '성장의 증거'

'에이 씨~' '이 멍청아' 같은 난폭한 말을 아이가 사용하면, 화가 나서 아이를 꾸짖는 어머니가 많다. 이런 때 어머니는 '우리 애가 왜 이렇게 되었을까' '나쁜 아이들하고 사귀는 게 아닐까' 하며 걱정하는데, 그런 걱정은 불필요한 것이다. '언어는 사회관계의 소산'이라는 말도 있듯이, 아이가 전에는 전혀 사용하지 않던 말을 입에 담는 것은, 그만큼 아이의 인간관계가 넓어지고 성장하고 있다는 증거이다.

아이가 성장하면, 그것이 난폭한 표현이라는 것을 이해하고 스스로 사용하지 않기 때문에, 그냥 두어도 별 지장 없다. 오히려 그것을 꾸짖고 금지시키면, 아이의 건전한 성장에 방해가 될 뿐이다.

그렇지만, 매일같이 듣고도 못 들은 척하기도 어려운 일이다. 그런 때는 머릿속에 '자동번역기'를 설치해보는 것은 어떨는지. 귀로는 '에이 씨'라고 들어도 머릿속으로는 '사랑하는 엄마'라고 이해하는 것이다. 실제로 아이는 마음속에서 '엄마, 사랑해. 나 쳐다보고, 이야기 좀 해줘' 라고 열심히 말하고 있는 것이다. 평소의 태도를 취하면 자신을 상대해주지 않을 것이기 때문에, 부모의 관심을 끌기 위해 '에이 씨'라는 나쁜 말을 사용하는 것이다.

학교에서 돌아와 어머니에게 "숙제 먼저 해라" 하는 말을 들었을 때, 아이가 "네" 하고 대답했다면 대화는 그것으로 끝이 난다. 그런데, 아이가 "맨날 숙제, 숙제, 에이 씨!" 하고 말했다면 어머니는 깜짝 놀라 화를 낼 것이다.

이것이 아이의 작전이다. '엄마와 함께 있고 싶다, 이야기하고 싶다'고 생각해도 평소대로 말을 걸면 "지금 바쁘니까, 다음에" 하는 말을 들을 게 뻔하다. 그래서 혼이 나더라도 어머니의 주의를 끌 수 있다는 것을 알고 있는 아이는 '에이 씨'라는 말로 싸움을 건 것이다.

아이는 어른처럼 감정 표현에 능숙하지 않다. 아이의 말을 진심으로 받아들여 일일이 야단치면, 아이가 자립심을 키우는데 방해가 될지도 모른다. 응석을 거절당했다는 경험은 아이의 자립심 발달에 악영향을 끼칠 수도 있다.

96 꾸짖어도 듣지 않을 때는 '무시'하는 방법도 있다

어떤 어머니는 학부모 면담 때문에 학교에 갔는데, 선생님으로부터 아이가 숙제를 잘 해오지 않는다는 말을 들었다. 당연히 어머니는 집에 돌아와 아이를 꾸짖으며 반드시 숙제를 하겠다는 다짐을 받았다.

그런데, 아이는 행동을 고치기는커녕 숙제 프린트를 책상 서랍에 처박아놓기도 하고, 심할 때는 쓰레기통에 버리기까지 했다. 그래서 부모는 뜻을 모아 아이의 행동을 완전히 무시하기로 했다. 며칠이 지나자, 아이는 그 고집스런 태도를 누그러뜨리려고 숙제가 있는 날은 스스로 책상으로 향했다고 한다.

인간은 꾸지람을 듣는 것을 일종의 '벌'이라고 생각하는 경향이 있다. 자신이 잘못을 범했을 때는 이 '벌'을 받음으로써, 자신의 잘못이 전부 속죄받았다고 여기는 것이다. 그런데, 이런 때는 본인이 왜 꾸지람을 듣는지 전혀 이해하지 못하는 경우가 많기 때문에, 결과적으로 수없이 같은 잘못을 되풀이하게 되는 것이다.

아이도 어느 연령이 지나면 선악의 판단을 할 수 있으며, 자신이 저지른 일에 대해 부모에게 질책을 받으리라는 것을 예측할 수 있다. 이때, 예측대로 부모에게 꾸지람을 들으면, '꾸지람'이라는 '벌'을 받았다고 생각하여, 마음속의 죄의식에서 벗어나 홀가분함을 느끼게 된다. 꾸짖어도 아이의 행동에 변화가 보이지 않는 것은 이런 심리 때문이다.

이런 경우 부모가 태도를 바꿔 아이의 행동을 완전히 무시하면, 아이는 예측에서 빗나간 부모의 행동에 긴장감을 갖고 자신의 행위를 되돌아보게 된다.

'침묵은 금, 웅변은 은'이라는 말이 있다. 이것은 '침묵이 웅변보다 설득력이 있다'는 의미이다. 현명한 어머니라면 이 의미를 잘 이해할 것이다.

아이의 잘못을 발견했을 때 계속해서 꾸짖기만 할 것이 아니라, 때로는 '무시'하는 것도 아이 스스로의 반성을 유도하는데 효과가 있다. 자성의 기회를 많이 경험함으로써, 아이는 자신의 행동을 스스로 콘트롤할 수 있는 자립심 강한 아이로 성장해갈 것이다.

97 때로는 자기 아이에게 다른 아이를 설득하도록 시켜본다

A군은 초등학교 6학년 남자아이로, 같은 반 남자아이 가운데 리더격인 존재였다. A군은 반에서 남자아이 한 명을 따돌림시키고 있었다. 선생님은 따돌림을 그만두도록 몇 번이고 A군을 설득했지만, 그럴수록 A군의 행동은 심해지기만 했다. 난감해진 선생님은 학부모 면담 때 A군의 어머니에게 상황을 설명하고 협력을 부탁했다.

선생님에게 사정을 들은 A군의 어머니는 집에 돌아와 A군에게 다음과 같은 말을 했다.

"학교에서 따돌림당하는 아이가 있다면서? B군하고 C군이 남자아이 한 명을 왕따시키고 있는 모양인데, 너는 걔들 친구잖니. 따돌림을 멈추도록 주의를 줄 수 있겠니?"

물론 어머니가 노린 것은 A군이었지만, A군을 꾸짖지 않고 B군과 C

군을 설득하도록 부탁한 것이다.

A군은 어머니의 말을 듣고, 자신이 따돌리고 있는 아이의 어머니에게 이르지 않은 것에 안심했다. 그와 동시에, 자신의 행동에 죄의식을 느끼고 깊이 반성한 A군은 학교에서 친구를 따돌리는 행위를 그만두었다. A군은 원래 리더격인 존재이기 때문에, 책임감도 강하고, 친구인 B군과 C군에게도 따돌림을 그만두도록 지시했다. 그 결과 반에서의 따돌림은 없어졌다고 한다.

A군 어머니의 심리 작전은 멋지게 성공했다고 할 수 있다. 만일, 직접적으로 A군의 잘못을 지적하고 꾸짖었다면, A군은 어머니의 말에 귀를 기울였을까.

반항심이 왕성한 시기에 있는 아이는, 직접적으로 잘못을 꾸짖으면 고분고분 그 질책을 받아들이지 않고 반발하기 쉽다. 질책의 내용이 본인의 인간적인 본질에 관한 것일 때는 더욱 그러하다.

이런 경우, 실제로는 본인의 문제일지라도 마치 본인과는 무관한 것처럼 보이도록 문제를 제시한다. 즉, 본인에게 같은 행위를 하고 있는 사람을 설득하도록 시키는 것이다. 그렇게 하면, 본인은 자신의 자존심에 상처를 받지 않고, 문제의 본질을 접하면서 자신을 객관시할 수 있게 된다.

다른 사람을 설득하려면, 자기 자신의 행위도 올바를 필요가 있다. 이것이 아이에게 한 사람의 인간으로서 자립심을 가르치는 길이기도 하다.

98 입학·진학 시기는 아이의 자립심을 키울 수 있는 절호의 기회이다

내 친구 중에 '타인에게는 관용, 자신에게는 엄격'을 좌우명으로 삼고 있는 사람이 있다. 이 말을 따라 생활하면, 자기 자신의 자립심을 환기하고, 불평 불만을 하지 않으며, 싫은 일이라도 적극적으로 임할 수 있고, 주위 사람과의 인간관계를 원활히 할 수 있다고 그는 말한다. 즉, 이 말에는 현대사회를 살아가는 지혜가 담겨 있다는 것이다.

인간이 살아가는 데 있어서 '자신에게 엄격하자'는 자세는 매우 중요하다. 하지만, 실제로는 생각과 달리 '자신에게 관용'하게 되는 것이 인간의 나약함이라고도 할 수 있다.

아이에게 자기 관리에 소홀하다는 이유로 '너는 어리광쟁이야'라고 꾸짖으며, 그 행위를 고치려는 부모가 많은데, 아직 사회의 엄격함을 알지 못하는 아이가 '어리광쟁이'라는 개념을 쉽게 이해할 수는 없다.

먼저, 아이가 자신의 행위에 자각을 갖게 할 필요가 있다. 이를테면, 지각이 잦고, 준비물을 자주 잊고, 늦잠을 자는 등 일상의 생활 습관은 아무리 꾸짖어도 좀처럼 고쳐지지 않는다. 이런 습관들은 꾸짖기보다 본인의 자각을 환기할 수 있으면 비교적 쉽게 개선될 수 있다.

다행히 아이에게는 입학 · 진학이라는 '생활의 전환점'이 있다. 이 시기에는 새롭게 1년의 목표를 세우는 경우가 많기 때문에, 아이들은 새로운 것에 대한 도전 의욕이 왕성한 시점이다. 이 기분을 충분히 활용하여 차근차근 가르치면, 아이는 부모의 말에 순순히 귀를 기울이게 되고, 아이에게 자각을 심어줄 좋은 기회가 될 것이다.

매일 아침 "어서 일어나라"고 다그쳐야 겨우 일어나는 아이에게는 "초등학교에 입학했으니까, 매일 아침 스스로 일어나도록 해라", 전혀 공부할 생각이 없는 아이에게는 "4학년이 되었으니까, 매일 1시간은 공부하도록 해라" 등, 아이의 상황에 맞게 달라져야 한다는 의식을 심어주는 것이다.

자각이 있다는 것과 없다는 것은 아이의 행동에 큰 차이로 나타난다. 자각이 있는 아이의 행동은 능동적 · 적극적이며, 아이 자신이 스스로 어떻게 해야 하는가를 항상 의식하고 행동하게 된다. 이것이 아이의 자립심을 높이는 길이다.

99 '실패하지 않도록 미리 준비해두는' 일은 절대 금물

아이를 간신히 중학교와 같은 재단인 고등학교에 입학시켰는데, 지각이 잦다는 이유로 고등학교 입학이 취소되어 속상해 하는 어머니가 있었다. 그 어머니는 자신이 좀더 엄격하게 꾸짖어 아이의 시간 관리에 신경썼으면 좋았을걸 하며 후회하고 있었지만, 과연 그럴까.

어머니의 시간 관리가 문제가 아니라, 아이의 시간 관리를 어머니가 하려고 한 것 자체가 잘못이다. 그런 어머니의 태도가 아이의 자립심에 방해가 된 것이다.

아이의 지각 습관을 고치고 싶다면, 어머니가 '걸어다니는 시계'가 될 것이 아니라, 아이가 아침에 스스로 일어날 때까지 지켜보고만 있어야 한다. 지각하는 날이 많아져도 괜찮다. 그런 아픔을 겪어야 아이 스스로 깨달음이 생기기 때문이다.

요즘은 "어서 일어나라"로 시작해서 "어서 자라"까지, 하루 종일 아이의 뒤를 쫓아다니며 꾸짖기만 하는 어머니도 적지 않다. 그런 어머니들은 "우리 애는 혼자서는 아무것도 하지 못해요" 하며 푸념을 늘어놓기 일쑤인데, 아이가 스스로 행동을 일으키려고 하지 않는 자립심 약한 아이가 된 것은 사실 어머니의 책임이 크다. 어머니가 꾸짖어 아이의 행동을 끌어내려고 한 것이 아이의 자립심 발달에 큰 장벽이 되고 있기 때문이다.

또한, 예의 어머니처럼 '실패할까 두려워' 아이의 모든 관리를 도맡아 하려는 어머니가 많은데, 이렇게 되면 아이는 언제까지고 어머니에 대한 의존을 버리지 못할 것이다.

꾸짖는다는 행위는 '아이를 위한' 행위이다. 그 본래의 의미를 잃지 않도록, 부모는 때때로 자신의 꾸짖는 방법이 올바른지 어떤지 되짚어 보길 바란다.

꾸짖는 지혜

아이의 지각 습관을 고치고 싶다면, 어머니가 '걸어다니는 시계'가 될 것이 아니라, 아이가 아침에 스스로 일어날 때까지 지켜보고만 있어야 한다.

후기

아이를 꾸짖는 데에는 '지혜'가 필요하다. 예전부터 나는 그렇게 생각해왔는데, 그만큼 꾸짖는 방법은 어려우며, 요령이 필요하다고 할 수도 있다.

심리학계에서는 이미 잘 알려져 있는 말 가운데, 'frustration · aggression theory'라는 것이 있다. 일반적으로는 '욕구불만 · 공격이론'이라고 불리는데, 나는 분명히 말하지만 이 해석을 그다지 좋아하지 않는다. 'frustration'을 '욕구불만'이라고 해석하는 것은 이 경우에는 다소 적합하지 않다는 느낌이 든다.

'frustration'이란 본래 '방해하다' '기세를 꺾다' '막다'라는 의미로, '마약을 사전에 막다' 할 때에 사용할 수 있는 말이다. 이것을 그대로 적용해보면, 'frustration · aggression'이란, 욕구를 방해받으면 인간에게는 공격적인 성향이 싹튼다는 의미가 된다. 물론 aggression에는 화낸다는 의미도 있어, 화를 상대에게 내뿜으려는 것이 공격이 되는 셈이다.

독자 여러분도 경험해 보았겠지만, 사람은 꾸지람을 받을 때 결코 마음이 평안해질 수 없다. 꾸지람을 받는다는 것은 이쪽이 무엇인가 하고자 할 때, 즉 욕구를 가지고 있을 때, 그것을 해서는 안 된다고 욕구를 저지 당하는 것이기 때문에, 반항심이나 분노가 치미는 것은 당연한 일이다.

결국, 우리가 다른 사람을 꾸짖을 경우, 이 반항심과 분노를 어떻게 처리하느냐가 중요한 문제라고 할 수 있다. 분명, 우리가 꾸짖으려는 목적은 상대가 태도나 언행을 고치고, 꾸짖는 사람이 원하는 바람직한 형태로 바뀌어지기를 바라는 것이다. 그렇기 때문에, 아무리 꾸짖어도 그저 반항심과 분노를 일으킬 뿐이라면 꾸짖는 의미가 없어진다고 할 수 있다. 따라서, 거기에는 어떤 종류의 '꾸짖는 방법' 또는 '지혜'가 필요하다 하겠다.

이 책에서는 그런 반항이나 반발을 유발하는 방법이 아닌 '꾸짖지 않고 꾸짖는 요령'을 제시한다. 그러므로, 꾸짖는 것 이상의 효과를 얻을 수 있는 방법을 중심으로, 반드시 꾸짖어야 할 때의 행동 요령 등, 많은 실례와 연구에서 얻은 '지혜'를 이야기하려고 한다. 이 책의 도움을 받아 아버지, 어머니들 자신이 새로운 '꾸짖는 지혜'를 발견할 수 있기를 바란다.

다고 아키라

칭찬 받고 자란 아이 꾸중 듣고 자란 아이

도비타 사다코 지음/ 안수경 옮김

값 8,000원 / 사과나무 발행

"즉시 꾸짖고 즉시 칭찬한다"

칭찬과 꾸중은 아이를 가르치는 양쪽 바퀴라고 한다. 하지만 대부분의 부모가 아이의 기를 살린다고 칭찬만 남발하거나, 엄하게 키운다며 꾸중으로 아이를 억누르기 일쑤다. 그래서 칭찬과 꾸중에도 연습과 요령이 필요한 법.

신간 〈칭찬 받고 자란 아이, 꾸중 듣고 자란 아이〉는 효과적으로 아이를 칭찬하고 꾸짖는 방법에 대한 책이다. 현직 초등학교 교장이며 세 아이의 어머니인 저자 도비타 사다코는 '즉시 꾸짖고 즉시 칭찬한다'는 것을 원칙으로 제시한다. 밖에서는 사람들의 시선을 의식해 칭찬하거나 혼내지 않고 집으로 돌아와 말해봤자 아이에게는 이미 과거의 일이라 효과가 반감된다는 말이다.

칭찬할 때는 공부와 성적 말고도 방 청소 같은 일상생활에서 칭찬거리를 찾고, 설령 실수했더라도 열심히 했다면 그 노력을 칭찬해주는 것이 바람직하다. 벌을 줄 때는 기준을 세워 일관성 있게 하고 지난 일을 들추지 않는 것이 중요하다. 무엇보다 잊지 말아야 할 점은 아이에게 화풀이하지 말라는 것이다. 감정에 휩쓸리지 않으려면 꾸짖기 전에 심호흡을 한번 하는 것도 좋은 방법이다.

책은 이 외에도 아이를 가르칠 때는 해보이고, 듣게 하고,시켜보고, 칭찬해주는 '모범→설명→연습→평가'의 순서를 지키라는 원칙을 제시하며 자신감 있는 아이로 키우는 비결과 참을성을 길러주는 방법, 반듯한 아이로 자라게 하는 비법들에 대해 풀어놓고 있다.

—<국민일보> 권혜숙 기자 (2003년1월9일자)